JN062200

大迫秀樹 編著

「鎌倉殿」登場！

源頼朝と北条義時たち13人

日本能率協会マネジメントセンター

西暦	和暦	主なできごと	本書ページ
1051	永承六	東北の内紛を源頼義が討伐に向かい、9年かけて鎮圧（前九年合戦）。	30
1083	永保三	東北で内紛が再発し、源義家が3年かけて鎮圧（後三年合戦）。	30
1086	応徳三	白河天皇が実権を握ったまま退位して上皇となり、院政をはじめる。	29
1095	嘉保二	院の警固役として北面の武士が配置される。	32
1098	承徳二	源義家が正四位下の官位を得て殿上人となり、源氏が台頭する。	31
1132	長承元	平忠盛が殿上人となり、平氏も台頭する。	32
1147	久安三	源頼朝が生まれる。	40
1156	保元元	後白河天皇と崇徳上皇が対立して保元の乱が起きる。	35
1159	平治元	藤原氏の争いに平氏と源氏がそれぞれについて戦い、平氏が勝利（平治の乱）。	35
1160	永暦元	平治の乱の残党狩りで源氏の棟梁である義朝が殺害され、子・頼朝は伊豆へ流刑となる。	35
1163	長寛元	北条義時が生まれる。	14
1167	仁安二	平清盛が太政大臣となり、平氏の全盛期が到来する。	36
1177	安元三	平氏打倒が密議された鹿ケ谷事件が起こり、反平氏派が弾圧される。頼朝と北条政子がこのころ結婚？	43
1179	治承三	後白河法皇が清盛によって幽閉。平氏独裁体制が強化される（治承三年の政変）。	43
1180	治承四	5月、以仁王が挙兵して敗死するも、平氏追討の令旨により全国の反平氏派の挙兵が相次ぐ。	43
		8月、頼朝が北条時政らと平氏打倒の挙兵（治承・寿永の乱、源平合戦）。	46
		10月、富士川の戦いで平氏軍が撤退。頼朝は鎌倉に引き返して関東を鎮撫、「鎌倉殿」と認められはじめる。	52
1181	養和元	清盛が没して平氏政権に陰りが生じる。	62

1183	寿永二	7月、木曽義仲が平氏軍を破り上洛して平氏は都落ちするも、略奪を働いた義仲軍を朝廷は嫌悪する。	64
		10月、後白河法皇が頼朝に義仲を討伐させる見返りに東国の支配権をあたえる（寿永二年十月宣旨）。	66
1184	寿永三	頼朝の弟・範頼と義経が木曽義仲を宇治川の戦いで破り、頼朝軍が上洛。	66
1185	文治元	3月、平氏が壇ノ浦の戦いで敗れ、滅亡する。	70
		10月、後白河法皇が義経に頼朝追討を命じるも、翌月には義経不利と見て頼朝に義経追討を命じる。	76
		11月、義経追討の条件として頼朝は全国に守護・地頭の任命権を認めさせる（文治勅許）。	79
1189	文治四	頼朝軍が義経をかくまった奥州藤原氏を征伐し、東北も平定。	81
1190	建久元	頼朝が30年ぶりに京都の地を踏み、後白河法皇に征夷大将軍就任を要求。	84
1192	建久三	頼朝が征夷大将軍に任命される。	85
1195	建久六	頼朝が再度上洛、東大寺再建供養会に列席。娘・大姫の入内を画策するも失敗。	98
1199	建久十	1月、頼朝が急死し、子の頼家が第2代鎌倉殿として後を継ぐ。	104
		4月、宿老13人による合議制が導入される。	114
1200	正治二	「13人」のひとりである梶原景時が一族ごと滅亡させられる。	140
1203	建仁三	「13人」のひとりかつ頼家の舅・比企能員とその一族が北条時政に攻め滅ぼされる。頼家は鎌倉殿の座を弟・実朝に譲らされた上で幽閉され、翌年暗殺される。時政が初代執権に就任。	144
1205	元久二	畠山重忠の討伐から時政・義時親子に軋轢が生じ、牧氏事件で父・時政が失脚。義時が第2代執権に。	154
1213	建暦三	義時と和田義盛の対立が表面化して和田合戦が勃発。義盛が戦死して和田一族が滅亡。	164
1219	建保七	第3代鎌倉殿、実朝が暗殺される。政子・義時姉弟が混乱を鎮めるも後鳥羽上皇らとの関係が悪化する。	174
1221	承久三	後鳥羽上皇が義時追討の院宣を発令して承久の乱が勃発。政子や「13人」の生き残りらにより幕府は抗戦を決意し逆襲。わずか1ヶ月で幕府軍の勝利で決着がつく。	184
1224	貞応三	北条義時死去。承久の乱で幕府軍を率いた子・泰時が第3代執権となる。	192

はしがき

本書は、堅苦しい専門書ではありません。

武士の登場から、鎌倉幕府の成立、13人合議制のスタート、そして歴史の大きなターニングポイントになった承久の乱までの歩みを、ざっくりたどった概説書です。必要な用語には補則解説を入れましたが、専門用語は最小限にとどめました。細かな知識以上に、歴史の流れやできごとの背景に想像をめぐらせてほしいと思ったからです。

この時代は、だれにも程よく想像力を広げる自由があたえられています。近世以降と違って、信頼できる史書・文献が限られているからです。また、その記述内容にも幅があり、一様ではありません。

「鎌倉幕府が成立したのはいつ？」

「承久の乱の背景には何があったの？」

「○○事件で、裏で糸を引いていたのはだれ？」

歴史家によっても、解釈・見解は大きく異なります。

かといって、神話に頼らざるを得ない古代ほど、見通しが利かないわけではありません。陰謀論もいくつか唱えられていますが、それを頭から否定できる、あるいは肯定できる史料が少ないことは、むしろこの時代の大きな〝魅力〟になっています。

本書は複数の説がある場合、できる限り両論を併記するよう心がけました。少しくだけた表現ながら、歴史学界の新説や語り継がれてきた逸話も紹介しています。

くわえて、縁の下の脇役にも字数を割きました。この時代を描いた物語の主役は、平清盛や源義経、北条政子ら、「華」のある偉人、あるいは「アク」の強い風雲児が大半でした。ところが近年は、NHKの大河ドラマを見ても、〝隠れた英傑〟にスポットライトをあてた作品が増えています。今後もこの傾向は続くことでしょう。本書では、「華」や「アク」も、「光」や「陰」も、おしなべて凹凸なく描きました。

まずは、簡単なあらすじを紹介しておきましょう。

良家のお坊ちゃまで、教養がある。ルックスにも恵まれ、武芸もそつなくこなす。

当然、女子にはモテモテ。しかし、いまは辺境の地で流人生活を強いられている。

かつては、父とともに大勢の手下を従えていたが、いまはわずかなお付きの者がいるだけ。直属の兵はひとりもいない。

そんな流人が、「近隣の無骨な仲間たち（東国武士）」と内助の功を得てライバルを撃破。わずか数年で、世の頂点に立つ。こうして平家物語は〝鎌倉物語〟へと移行します。

流人こと源頼朝が開いた鎌倉幕府は、武士による初めての本格的な政権でした。

１１８０年、頼朝は「無骨な仲間たち」にかつがれ、挙兵。１１８３年に朝廷から〝鎌倉の殿〟として東国支配を認められ、１１８５年には守護・地頭の設置も認められました。そして１１９２年、「鎌倉殿」頼朝は征夷大将軍に任命されます。

鎌倉幕府の成立年はこれら、良い矢を放った１１８０（イイヤヲ）年、良い箱をつくろうとした１１８５（イイハコ）年、良い国をつくろうとした１１９２（イイクニ）年などの説に分かれます。かつてはイイクニ説が主流でしたが、教科書の記述も変わり、いまはイイハコ説が優勢になっています。


こうして鎌倉幕府の統治機構は、着々と整備されていきました。しかし、教養・事務処理能力に欠ける「無骨な仲間たち」だけでは政（まつりごと）を行えません。そこで、頼朝は都の行政官僚に目をつけました。源氏とゆかりのある「官人たち」をスカウトし、鎌倉に招いたのです。

ところが、鎌倉物語は暗転しました。１１９９年、「鎌倉殿」頼朝があっけなく亡くなってしまったのです。

●はしがき●

２代目「鎌倉殿」は、息子の頼家が継ぎました。しかし、まだ18歳。政治経験は乏しく、統治能力も未知数でした。幕政を任せるには、あまりに心もとない。

そこで、「無骨な仲間たち」と「官人たち」が集まり、〝13人合議制〟というしくみをつくったのです。提唱者は、頼朝の妻・北条政子と政子の父・時政といわれます。13人の中には、政子の弟・義時もいました。

初代「鎌倉殿」頼朝の時代は、半ば独裁的な専制政治によって行われました。一方、合議制は話し合いによって、ものごとを決めるシステムです。13人合議制は議会政治の嚆矢（こうし）（始まり）といえるかもしれません。しかし、実際はどうだったのでしょう。

合議の実態は？　ほんとうに話し合いが成立したの？

嚆矢は開戦の合図のかぶら矢のことで、そこから「始まり」の意味で使われるようになりました。13人合議制は議会政治の嚆矢だったのか、それとも、新たな争乱を告げるかぶら矢だったのか？　鎌倉物語の第二幕は、みなさんの想像力をさらに広げさせてくれます。

編筆者記す

目次

第2章 幕府の完成と合議制の開始

第3章 2代目「鎌倉殿」と合議制の13人

※本書内に登場する日本の人物は、年齢を数え年で記載しています。

プロローグ

プロローグ　無法地帯？　東国の夜明け

❶「鎌倉殿」ってだれ？

日本の歴史は、ざっくり次の４つの時代に分けられます。

①豪族・貴族が支配する古墳～平安時代、②武士が支配する鎌倉～江戸時代、③明治維新と戦争の時代を経て、④戦後、国民主権の現在。

①は古代、②は中世・近世、③は近代、④は現代というくくりで、それぞれの移行期に「歴史は大きく動いた！」のでした。現代と地続きの明治維新と並んで、根底から社会を大きく変革させたのが、①から②への転換です。

この**「武士の時代」創出の立役者**になったのが、本書の主人公たち、**「鎌倉殿」と13人の合議制メンバー**です。

「鎌倉殿」とは、いったいだれのことでしょう？

広い意味だと、**鎌倉幕府の武士の長、つまり鎌倉を拠点にしていた武士のリーダーのこと**をいいます。狭い意味だと、鎌倉幕府を開いた源頼朝だけをさすこともあります。

〈じゃあ、鎌倉幕府の征夷大将軍のことだね!?〉

と即返されるかもしれませんが、征夷大将軍は役職のひとつにすぎません。厳密には、必ずしも「鎌倉殿イコール将軍」というわけではないのです。むしろ将軍が武士のリーダーだった時期は、頼朝による幕府成立からわずかの期間にすぎません。

この「武士の時代」の黎明期には、「鎌倉殿」に従う子分、すなわち**御家人**(1)が大活躍しました。

御家人にとって、いちばん大事なのは土地でした。御家人は自分のもつ土地（所領）を守ってくれる「鎌倉殿」のために、命をかけて戦いました。これを**奉公**といいます。

「鎌倉殿」はそのお返しに、御家人がもつ所領を保障し**（本領安堵）**、御家人が戦功をあげると新しい所領をあたえま

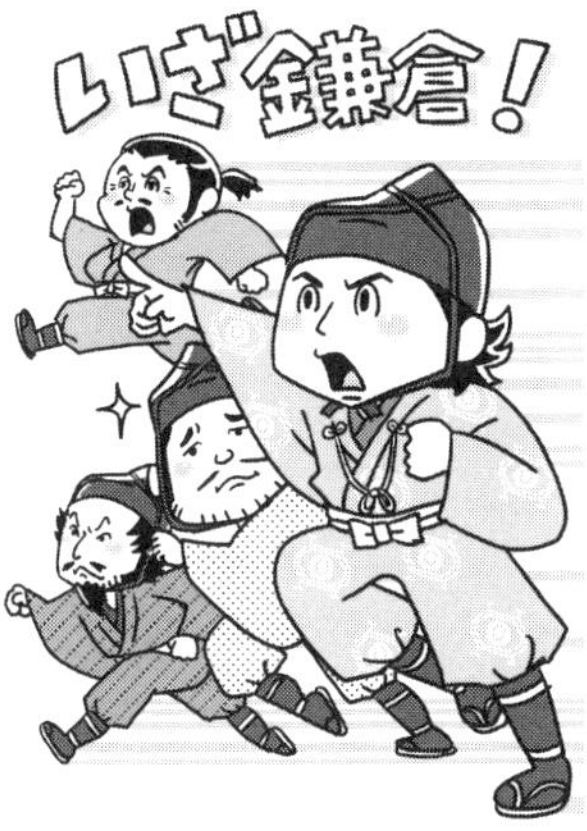

(1) 御家人

家人とは家来のこと。「鎌倉殿」に仕えた家人は、将軍の一大事には**「いざ、鎌倉！」**と、すぐ駆けつけたのである。そんな家来のことを尊称をつけ、**「御家人」**と呼んだのだった。

した（**新恩給与**）。これを**御恩**といいます。

こうして「鎌倉殿」と御家人は、土地を介した**御恩と奉公という主従関係**によって結ばれていました。初代「鎌倉殿」こと源頼朝が亡くなると、幕府の政治は特に頼朝と強い絆のあった有力御家人の合議制によって運営されます。本書がスポットをあてる13人のメンバーたちです。

❷ 小四郎こと義時の誕生

平安時代末期、平氏全盛の1163年。

伊豆半島北部で、ひとりの男児が生を受けました。のちに13人のメンバーのなかから頭角をあらわし、「鎌倉殿」をしのぐ存在になる**北条義時**の誕生です。

義時の父は、伊豆半島に所領をもっていた**北条時政**、母もその近くに所領をもっていた**伊東祐親**の娘です。北条氏も伊東氏も東国（せまくは関東地方をさす）の伊豆・駿河・相模・武蔵に群雄割拠していた地元のボスのひとりでした。

歴史書(1)**『吾妻鏡』**によると、北条氏は桓武平氏の流れ

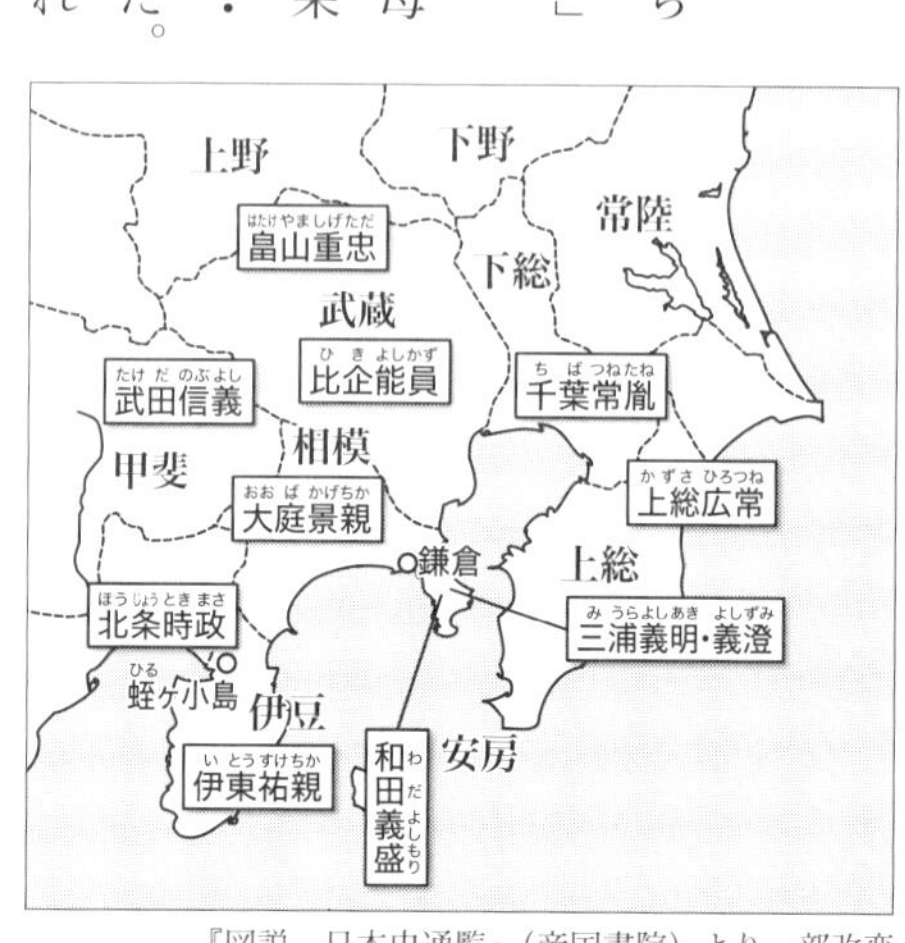

『図説　日本史通覧』（帝国書院）より一部改変

をくむ平直方の子孫とされていますが、その後の系譜も諸説あり、確かなことはわかっていません。勢力がどれほどのものだったのかも不明です。

東国では、平氏の流れをくむ武士たち(2)**坂東八平氏**が**在庁官人**として強い力をもっていました。在庁官人とは、国司（都道府県知事のような存在）に仕える下っ端役人のことです。多くは現地のボス（豪族）が任命されていました。下っ端とはいえ、在庁官人は所領をもっていたので、地元の顔役として羽振りを利かせられました。

北条氏の地位はどれほどのものだったのでしょうか？

まず、北条時政が在庁官人だったのかどうかは、はっきりしていません。**軍勢も小規模で、基盤は弱かった**といわれます。ただ、時政はほかのボス連中から一目置かれ、東国では名が知られていたようです。都の宮廷警備などを務めた経験が多いことから、貴族とのパイプもあったといわれますので、その辺りの事情もあったかもしれません。

また、北条氏が所有する伊豆の領地は、国府（国ごとに置かれた役所）の三島にも近く、東西を結ぶ海上交通の要所でもありました。地理的にも優位なところだったのです。

---

(1)**『吾妻鏡』**
鎌倉幕府・前期の正史とされる。史料としての価値は高いが、〝北条びいき〟の記述が多く、割り引いて見なければならない。

(2)**坂東八平氏**
平氏の流れをくみ、主に平安時代半ばに東国に移ってきた武士。一般には、**上総氏・千葉氏・三浦氏・土肥氏・秩父氏・大庭氏・梶原氏・長尾氏**のことをいう。見てのとおり北条氏は含まれない。

時政は北条四郎とも名乗っていました。その四郎の子・義時は、青年期に江間の地を所領にしてからは、**江間小四郎**（江間四郎）と呼ばれることになります。執権になるまで、義時が北条姓を名乗ることはありませんでした。

つまり、小四郎こと北条義時は、北条家のあと継ぎとして期待されていたわけではなかったのです。嫡男（正妻から生まれた男子、跡取り）には兄の宗時がいて、通常なら宗時があとを継ぐはずでした。ところが、頼朝挙兵時の**石橋山の戦い**（↓49ページ）で宗時が討死し、その後、義時が「鎌倉殿」頼朝に従ったことで運命が開けるのでした。

❸ 無骨な東国のボスたち

当時、東国や坂東と呼ばれた関東地方は、どのような場所だったのでしょうか？

今や世界有数の大都市圏を抱えた地域ですが、当時の日本の中心は京都を中心とした西国であり、東国は田舎という認識でした。東国に行くことを「東下り」とも呼びますが、当時は「都落ち」として、中央から落ちぶれた人間が行く場所と見下されていたのです。

しかも東国は単なる田舎ではありませんでした。少し誇張していうなら、無骨な荒くれ者や野卑なアウトローばかりで、**弱肉強食の「無政府状態」**にあったのです。所領をもつボスのなかでも、文字を読める者はごくわずか。京都の貴族たちの眼には、**東国は無教養な「反社会勢力」の吹きだまりの地**にすら見えたことでしょう。

のちに13人合議制のメンバーとなる**三浦義澄**（よしずみ）や**和田義盛**（よしもり）らもこうした「反社」東国の有力な構成員でした。このほか、「鎌倉殿」を支えた武将には、**比企能員**（ひきよしかず）・**安達盛長**（もりなが）・**八田知家**（はったともいえ）らもいましたが、西国の都周辺の武士や豪族とは違う空気を漂わせていたことでしょう。

なかには文武の両才を備えた**足立遠元**（とおもと）や、貴族的教養をもつ弁舌巧みな**梶原景時**（かげとき）らの教養人も一応いました。また、**北条時政**もかなりの文書作成力をもち合わせていました。

しかし本格的な文書行政では、都の役人に太刀打ちできません。のちの鎌倉幕府での実務は、朝廷での実務経験豊かな官人に頼るしかありませんでした。

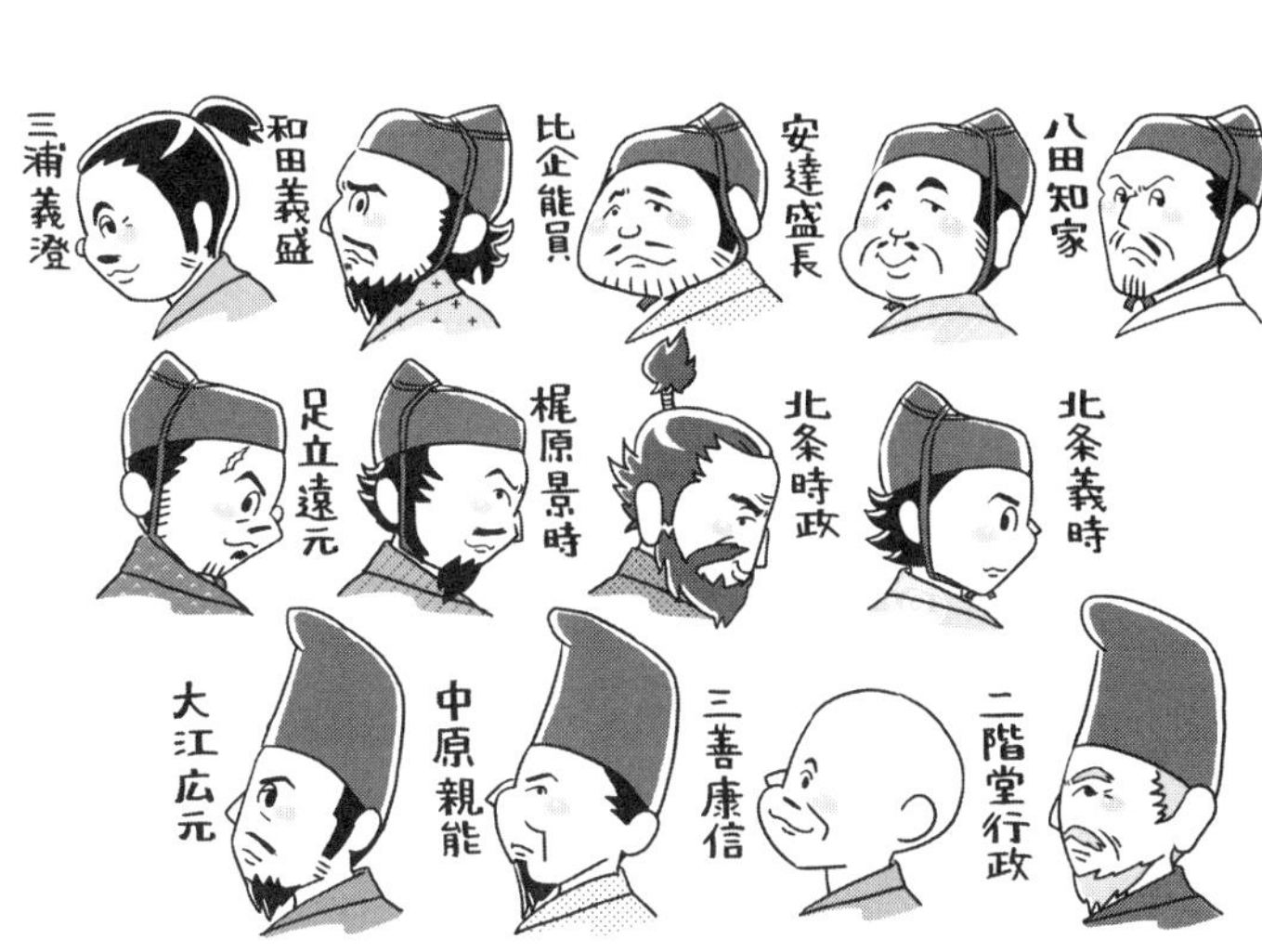

京都から招いた**大江広元**（ひろもと）・**中原親能**（ちかよし）・**三善康信**（やすのぶ）**（善信**（ぜんしん）**）**・**二階堂行政**（ゆきまさ）ら4人の官人です。彼らは武士に乏しい学識も備えていました。

この13人合議制のメンバーのプロフィールは、あとで詳しく紹介します（↓116ページ）。

❹ 運命を変えた駆け落ち婚

では、東国のボスたちは、何を思い、何を願っていたのでしょうか？

東国では、夜討ち朝駆けは日常茶飯事。無骨な荒くれ者とはいえ、ボスたちはいつ自分の所領が奪われるかわからないため、内心では戦々恐々の日々を過ごしていました。そのため、反目し合いながらも、心のうちではこう思っていたのです。

〈オレの土地を守ってくれるリーダーが出てきてほしい！〉

〈みんなをひとつにまとめる真のボスはいないのか⁉〉

東国のボスたちはみな、**自分の所領を守ってくれる、強い「殿**（との）**」が現れることを心待ちにしていた**のでした。また、無法地帯で生き残るため、東国・坂東の仲間（坂東武士）としての絆を保ち、そのネットワークも細かく張りめぐらしていました。

ボス同士の絆の強化に、大きな役割を果たしたのが結婚です。

北条義時が生まれて14年後、世紀のカップルが誕生しました。

義時の姉と佐殿(1)との結婚です。

義時の姉は地元ではちょいと知られた、いわゆる〝イケ女〟でした。だから、というわけではありませんが、中学の歴史教科書に、その「名演説」や坐像の写真とともにガッツリ紹介されています。

義時の姉は、のちに尼将軍と呼ばれる**北条政子**。そして、結婚相手の佐殿とは、伊豆で不遇をかこっていた「源家のお坊ちゃま」**源頼朝**です。

ふたりの結婚に、父・時政はモー反対しました。

時は平氏全盛の世。東国でも平氏が幅を利かせていました。

そんななか、落日の源氏に娘を嫁がせるのは、火中の栗を拾うどころの話ではなかったのです。

しかし、「烈女」政子の思いは一途でした。父が定めた平氏出身の**山木（平）兼隆**と結婚させられる直前、家を飛び出して雨のなか、「佐殿」頼朝の元へと走ったのです。

1177年ごろ、時政も観念したのか、ふたりは晴れて「連理の枝」（夫婦）になりました。

(1) 佐殿

源頼朝は京都で生まれた。12歳で朝廷に仕え、わずかな期間だったが、**従五位下「右兵衛権佐」**という貴族の官位を得ていた。ここから「佐殿」と呼ばれたのである（↓37ページ）。

北条政子坐像

（安養院蔵）

この**世紀の駆け落ち婚**がなければ、頼朝が「鎌倉殿」になる日は到来しなかったでしょう。

第1章では、「鎌倉殿」誕生までの経緯、すなわち平安貴族の時代から源平合戦の始まりまでをざっくり振り返りますが、「13人」のメンバーの多くは、頼朝の流人時代に知己を得ているので、平安期の貴族政治に興味うすという方は、**〈2「鎌倉殿」の不遇な流人時代〉**（↓34ページ）または**〈3「平家追討にいざ出陣！」〉**（↓46ページ）から読みはじめてもよいでしょう。

鎌倉時代のハテナ…その1

Q この本や歴史の教科書に出てくる年月日はどのくらい正確なの？

西暦は年号との比較でかなり正確ですが、日付には注意が必要です。日本の暦は、明治維新で太陽の動きをもとにした今の太陽暦に変わるまで、月の満ち欠けをもとにした太陰暦でした。ただ、太陰暦は**1か月が太陽暦の約29・5日**であるため、そのままでは1年が約354日となり、どんどん季節がずれます。そこで昔はズレが約1か月になると「閏月（うるうづき）」を加えて調整しました。しかし、どの月の間に閏月が入るかはまちまちで、現代から遠い過去への逆算を難しくしています。今は、**太陰暦の日付も太陽暦の日付として扱うことが主流**で、本書もそれにならっています。

第1章

「鎌倉殿」が誕生するまで

武士が中央政界に進出するまで

❶ 貴族とは？

「鎌倉殿」が誕生するまで、社会はどのように動いていったのでしょうか？平安時代の半ばから見ていきましょう。

平安時代は、**藤原氏を中心とする貴族の社会**でした。貴族とはざっくりいうと、家柄や身分の貴い人のことですが、朝廷の位階[1]でいうと**五位以上の者**をさします。

天皇が住む清涼殿に上がることが許された貴族を殿上人といいます。五位以上の者の多くは、殿上人として天皇に謁見できました。場合によっては六位以下でも認められることがありましたが、五位以上とそれ以下では、さまざまな面で待遇に大きな差がありました。

したがって、**「五位」以上に叙されることは、とてつもない名誉**だったのです。

こうした位階制度の言い出しっぺは、だれだったのでしょう？

初めて位階制度を導入したのは、推古朝のプリンスこと厩戸皇子（聖徳太子）です。

教科書にも太字で出てくる**冠位十二階の制**で、役人を能力と実績によって登用し、冠位をあたえて序列化したのでした。やがて律令制度の整備にともない、位階は細分化されていきました。

❷ 閉ざされた「格差社会」

しかし、平安時代も半ばになると、朝廷の政治は先例と形式ばかりを重んじるようになり、役人登用を目的とした位階制度も機能しなくなっていきました。

藤原氏を筆頭とする一部の「上級国民」ならぬ、「上級貴族」が高い官位を独占し、世襲していったからです。都では、雅な貴族文化「国風文化」が栄えました。

こうして、**平安の世は閉ざされた「格差社会」**へと移っていったので

---

(1) **位階**

朝廷内の**官人（官僚）の序列**のこと。五位以上の者は、「正一位」から「従五位下」までの14階に分けられていた。数字が少ないほど位が高く、当時、最上級の「一位」に相当したのは**太政大臣**。生前にここまで上ると、天下をとったに等しい。貴族と認められない六位以下から少初位下も含め、30階に分けられていた。なお、朝廷の職務（官職）にひもづけた状態は「官位」と呼ばれる。

す。身分の低い者に出世の道は開かれておらず、関東地方に割拠していた地方豪族こと東国ボスたちにとっては、都の出世競争などは遠い世界のことなのでした。

では、のちに天下をとる「鎌倉殿」は、どの地位を得ることになるのか？　もののふ（武士）のなかで、だれが初めて五位以上に叙されたのか？　そもそも、武士たちは朝廷の位階に興味をもっていたのか？

〈合戦に勝ってこそ武士。そんなサラリーマン的出世競争には目もくれないよ！〉

〈いや、閉ざされた遠い世界だからこそ、憧れもひとしおだったのでは？〉

〈身内に貴族がいれば、ちょっと鼻高だったんじゃない⁉〉

さまざまな声が聞こえそうです。

武士の心のうちに忍び入る前に、どのようにして武士が成長したのか、何がきっかけで政界に進出するようになったのかを見ていきましょう。

❸ “もののふ”の台頭！

平安時代中期、「上級貴族」こと藤原氏はライバルの貴族を一掃し、朝廷内での地位を確立していきました。「学問の神様」こと菅原道真を太宰府に飛ばしたのも藤原氏です。

藤原氏の十八番は、いわゆる政略結婚でした。**自分の娘を天皇に嫁がせ、生まれた子を次の天皇にした**のです。そして天皇が幼いときは**摂政**(1)、天皇が成人になると**関白**となり、天皇の外戚(2)として朝廷の政治を動かしたのでした。

しかし、どんな栄華も永遠に続くわけではありません。何かの全盛期には、次の全盛期の下地がしっかり用意されているものです。「貴族の時代」の次にやってくる「武士の時代」の下地も、このころ着々と整えられていました。

10世紀半ば、天皇も貴族もその下地の力を見せつけられるできごとが起こりました。ほぼ時を同じくして起こった**承平・天慶の乱**です。一般には、**平将門の乱と藤原純友の乱**として知られています。

平将門は桓武平氏の流れをくむ豪族で、上総国（千葉県中部）を拠点にしていました。親戚とのちょっとした所領争いがきっかけで戦いはじめ、939年、東国各地の国府を攻め落として、一帯を支配したのです。みずから「新皇（新しい天皇）」と名乗り、朝廷と対立しましたが、一族の武士に不意をつかれ、敗死しました。

---

(1) **摂政と関白**
天皇が幼少などの理由で政治が難しいと考えられる際、天皇の代人として置かれるのが摂政。そうした理由に関係なく、天皇の補佐として任命されるのが関白。

(2) **外戚**
天皇の母方の親族のこと。当時は父方より**母方の縁**が重んじられていた。摂政・関白になるのも、外戚であることが必須条件だった。

藤原純友は、伊予国（愛媛県）の国司でしたが、何が不満だったのか、936年以降、瀬戸内の海賊を組織し、各地で略奪行為を繰り返すようになったのです。朝廷は「従五位下」の官位をちらつかせてなだめようとしましたが、純友はこれを無視。それどころか、朝廷の九州の拠点・太宰府も襲撃したのでした。その後、乱は他の武士によってようやく鎮圧されました。

ここで押さえておきたいのは、**乱を起こしたのも、乱を鎮圧したのも、武士だった**ということです。このふたつの乱を契機に、朝廷は武士の力を認めざるを得なくなりました。そして、**武士は宮中や貴族の邸宅、寺社の警備に「侍」として登用される**ようになったのです。

こうして、中央政界の皇族・貴族や地方のエリート役人（国司）らと結びついた武士は、一族郎党からなる武士団を形成していきました。

そのなかから、中小の武士団を統合し、棟梁を中心に大武士団に成長したのが、**清和源氏**と**桓武平氏**です。源氏は清和天皇、平氏は桓武天皇を祖としていました。

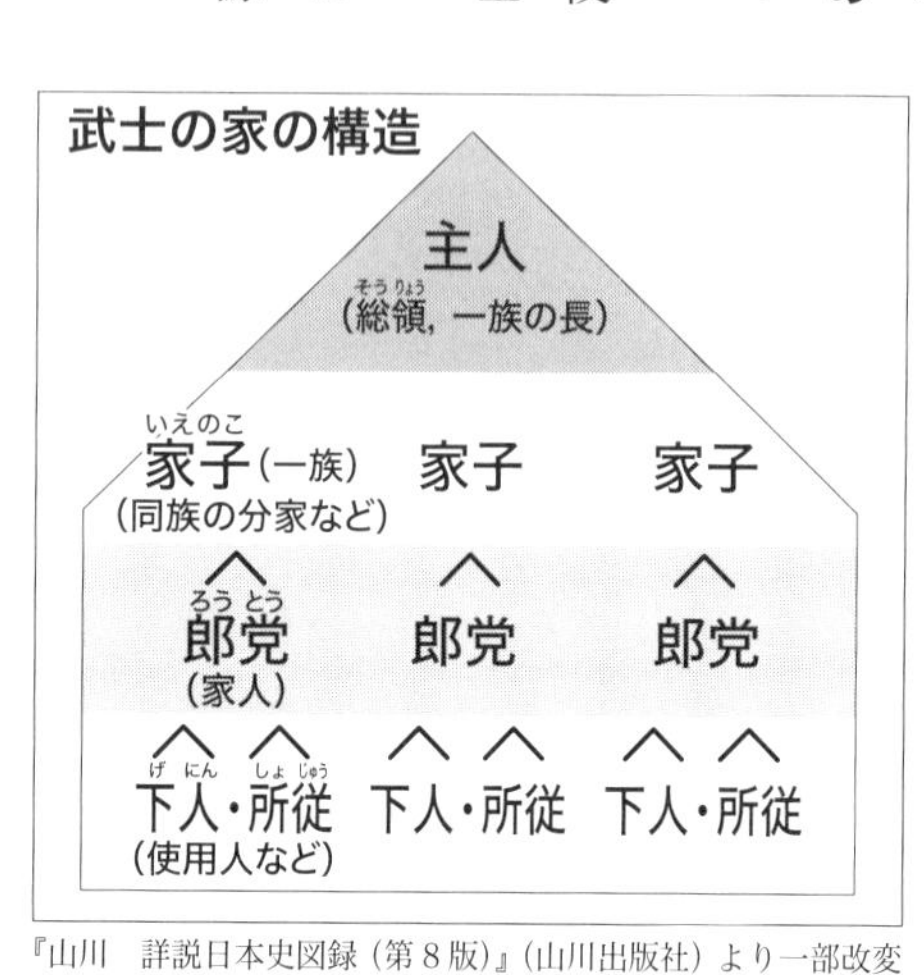

『山川　詳説日本史図録（第8版）』（山川出版社）より一部改変

❹ 欠ける藤原の満月、伸びる源平の月影

藤原氏の摂関政治の全盛期は、10世紀後半から11世紀前半。

特に**藤原道長**(みちなが)は「氏の長者」として、憎々しいほどの栄華をきわめました。絶頂期の道長が、〈オレ様は完全無欠だぜ！〉とばかりに、**「この世をば　わが世とぞ思ふ望月(もちづき)の　欠けたることも　なしと思へば」**という歌を詠んだことはよく知られています。まあ、鼻持ちならない歌ですね。でも、４人の娘をすべて天皇に嫁がせたのだから、自らを「望月（満月）」に喩(たと)えるのもむべなるかな。のちに、桓武平氏の棟梁**平清盛がこれをマネる**ことになります（→42ページ）。

道長の子・**頼通**(よりみち)の月も輝いていました。正五位下から従三位、内大臣へと用意されていた出世階段を駆け上がり、さらに父の跡を継いで摂政・関白の位についたのです。

頼通は、現在の10円硬貨にも描かれている平等院鳳凰堂(びょうどういんほうおう)を宇治(うじ)に建てたことでも知られています。このころ、貴族のあいだでは浄土信仰が流行っていました。阿弥陀(あみだ)堂が中央に構える平等院鳳凰堂は、池を囲む広い庭園とともに、極楽浄土

の世界をあらわしています。自分の力は現世に極楽を再現できると頼通は誇示したかったのかもしれません。

そしてこの時期、まだ月影のような存在だった桓武平氏と清和源氏が、少しずつ力を蓄えていきました。各地で頻発した地方豪族の乱を平定し、**桓武平氏は西国に、清和源氏は東国を中心にそれぞれ月影を伸ばしていった**のです。

一方、藤原氏の満月は輝きを失いはじめました。頼通もふたりの娘を天皇の后にし、「政略結婚」を成立させましたが、思い通りに事（こと）は運びませんでした。娘と天皇のあいだに男子が生まれず、アクの強いタフな**後三条天皇**が即位すると、頼通は外戚の座を失ってしまったのです。

そうなると一転、藤原氏に不満を募らせていた他の貴族たちが、やる気に満ちた後三条天皇をもちあげ、天皇親政を復活させたのでした。このとき、後三条天皇が事務方のトップとして登用したのが、「高才明敏、文章博覧、通世無比」と評された**大江匡房（まさふさ）**です。

大江家は上級貴族というわけではありませんが、古代から文人・学者を多く輩出しています。なかでも匡房は「超」に「チョー」がつく偉才で、後三条天皇の後も白河天皇・堀河天皇と、3代にわたって天皇の侍読（じどく）（家庭教師兼アドバイザー）を務めました。

この大江匡房の孫にあたるのが、**「13人」のひとり大江広元（ひろもと）**です。広元は匡房の血をしっかり受け継ぎ、のちに裏方として「鎌倉殿」を頭脳で支えます。

❺「鎌倉殿」の祖先

次の**白河天皇**も父・後三条天皇に負けず劣らず、やる気満々のタフな天皇でした。父の政策を継ぎ、さまざまな改革に着手しようとします。しかし、朝廷は先例優先の保守社会でした。思い通りにならず、さまざまな制約に阻まれたのです。天皇であっても、先例を無視することはできません。

939	承平・天慶の乱が起こる
1016	藤原道長が摂政になる
1019	藤原頼通が関白になる
1051	前九年合戦が起こる
1068	後三条天皇が即位する
1083	後三年合戦が起こる
1086	白河天皇が院政を始める

そこで、〝自由〟をめざす白河天皇は、奇抜な行動に出ました。ある立場になることで、政治的な制約から逃れようとしたのです。１０８６年、**白河天皇はまだ幼い堀河天皇に天皇の地位をゆずり、上皇となった**のでした。天皇にあった先例は上皇にはないと考えたのです。上皇による政治は、上皇の居場所「院」にちなんで、**院政**と呼ばれます。

院政はこのあと、**鳥羽上皇・後白河上皇**にも引き継がれ、１００年あまり続くことになります。それは**「鎌倉殿」が誕生し、13人合議制がはじまる直前までの時期**と重なります。

源氏はこの白河上皇の院政がはじまる前、あることで朝廷に注目されます。東北地方で起こったふたつの豪族の内紛を鎮圧したのです。1051年に起こった**前九年合戦（前九年の役）を源頼義が平定**し、1083年に起こった**後三年合戦（後三年の役）を頼義の子・八幡太郎こと源義家が平定した**のでした。

源義家は後三年合戦の前に、出羽国や東国各地の(1)**受領**を歴任していました。そのため、東国のボス連中（東国武士団）と強い結びつきがあったのです。そして後三年合戦のあと、あることをきっかけに、義家は彼らの厚い信望を集めました。何がきっかけになったのでしょう？

後三年合戦をおさめたとき、朝廷は義家が勝手にしゃしゃり出た、つまりは義家の私戦とみなし、戦った者たちに恩賞の官位や所領をあたえませんでした。しかし義家は、**活躍した東国のボス連中に、自分の所領を分けあたえた**のです。

私財を投じて、部下の軍功に報いる。男前ですね！　こうして東国では、**義家のとった行動と源氏への感謝の思いが代々伝えられました**。そしてのちに、このボス連中の子孫が、「鎌倉殿」源頼朝のもとに結集するのです。

◆「源氏の氏神」の祖

源義家は、**石清水八幡宮**（京都府八幡市）で元服したことから、みずから**八幡太郎**と名乗っていました。

義家の父・頼義が熱心な八幡宮の信者だったからです。頼義は1063年、鎌倉の由比ケ浜に石清水八幡宮を**「源氏の氏神」**として勧請しています。勧請とは別の地に神の分霊をまつること。これが鎌倉の**鶴岡八幡宮**のはじまりです。

義家の行動に対し、さすがの白河上皇もシカトするわけにはいかず、義家を正四位下に取り立て、院の側近にしました。都でも義家の評価は高まり、**「天下第一の武人」**という名声もあたえられたのです。

東国ボス連中のなかには、義家に保護を求めて自分の領地を差し出す者もあらわれたほどです。さすがにこれは朝廷が禁止しましたが。

❻「治天の君」の用心棒

一方でこの頃、朝廷はやっかいな武装集団に悩まされていました。白河上皇ですら「コレばかりは思いのままにならぬ」と語った次のみっつのうちの最後です。

賀茂川の水、双六の賽の目、そして山法師！

山法師とは、延暦寺が組織していた**僧兵**のことです。(2) **南都北嶺**の寺社は、しばしば神木や神輿をかついで宮廷を訪れ、自分たちの要求を押し通そうとしました。これを**強訴**といいます。

白河上皇は自衛と僧兵対策を目的に、「院」の御所の警備に武士団を登

---

(1) **受領**
地方の国を治める役人。**国司の最高責任者**のこと。平安時代も半ばをすぎると、任国に行かず、都でただ収入を得るだけの**遥任**という国司が増えていた。そんな国司と区別して使われることも多い。

(2) **南都北嶺**
南都は奈良の**興福寺**、**北嶺**は京都の**延暦寺**のこと。広大な荘園をもち、その権利を守るため、僧兵を組織して朝廷や院に対抗した。

用しました。この武士団は御所の北側に配置されたことから、**北面の武士**と呼ばれます。

　この主力要員、つまりは「治天の君」（上皇のこと）の用心棒となったのが、**源氏と平氏**でした。当初、白河上皇は源氏を取り立てていましたが、義家が亡くなると、伊勢平氏（桓武平氏の主流）の**平正盛**を重んじ、北面の武士の筆頭に登用しました。正盛は平清盛の祖父にあたります。武士の力に頼ったことで、ますます武士の価値が高まることになります。

　加えて、白河上皇や鳥羽上皇は、**平安貴族「格差社会」の是正**にも取り組みました。官位の低い貴族や武士にも政治での活躍の場を広げたのです。

　正盛の子・**忠盛**も北面の武士の筆頭に登用され、上皇からさらに重用されました。都の盗賊を追捕するなど大活躍したことで、貴族に値する正四位の官位を得たのです。そう、源氏の義家に負けじと、平氏の忠盛も晴れて殿上人（→22ページ）になったのです。

◆北面の武士から歌人へ

　1186年、源頼朝の元にひとりの老僧が現れました。焼失した東大寺の大仏（→98ページ）を復元するための費用を工面してほしいと願い出たのです。

　この老僧は、かつて**北面の武士**として院の警護にあたり、23歳の時に出家した著名人でした。各地を遍歴しながら、多くの歌を詠み、和歌の歴史にも名を残しています。

　老僧の名は**西行法師**。頼朝に会ったあと、西行は奥州藤原氏が治める平泉へ向かいました。平泉は「黄金都市」として繁栄していたからです。この平泉が「鎌倉殿」隆盛の踏み台となります（→81ページ）。

忠盛もまた西国の受領を歴任する過程で、西国の武士たちと主従関係を築き、九州では宋との貿易もはじめました。忠盛が基礎を築いたこの**日宋貿易**は、忠盛の子・清盛によって大きく発展していきます。

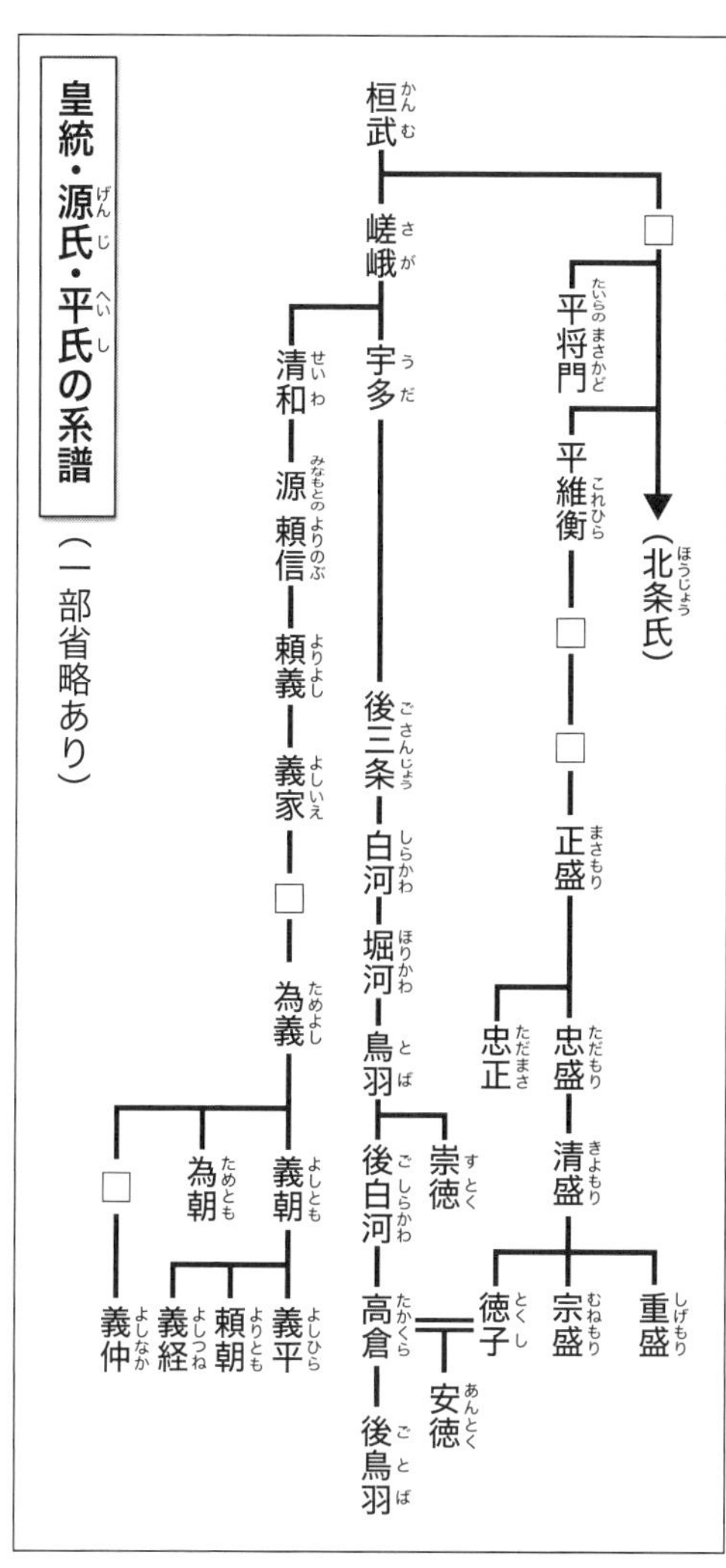

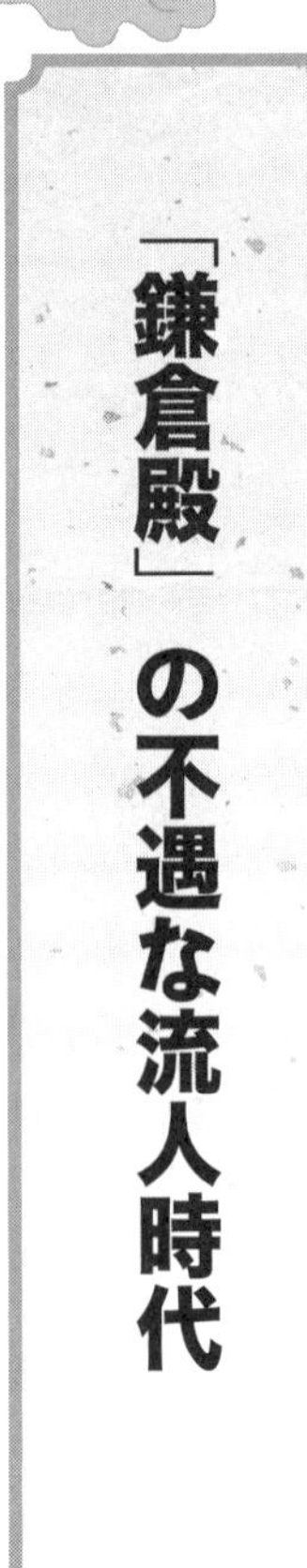

❶ 平氏の源氏一掃

院政期、都を揺るがす、ふたつの争乱が起こりました。**保元の乱**と**平治の乱**です。

少しおさらいすると、院政を最初にはじめたのは白河上皇で、１０８６年のことでした。当初、上皇は自衛団こと「北面の武士」の一員として源氏を重用しましたが、やがて平氏に寄りかかるようになり、鳥羽上皇の時代には平忠盛が殿上人になったのでした。こうして、**武士が用心棒を務める院政という新たな政治体制**が定着したのです。

ところが院の力が増大するにつれ、上皇と天皇が対立するようになりました。これに藤原氏の内紛が重なり、１１５６年、**後白河天皇**とその兄・**崇徳上皇**の両派に分かれて内乱に突入したのでした。この**保元の乱**の経緯は、ドロドロとした複雑なものだったので、構図だけにとどめます。

後白河天皇側には藤原忠通・平清盛・源義朝がつき、崇徳上皇側には藤原頼長・平忠正・源為義・源為朝がつきました。

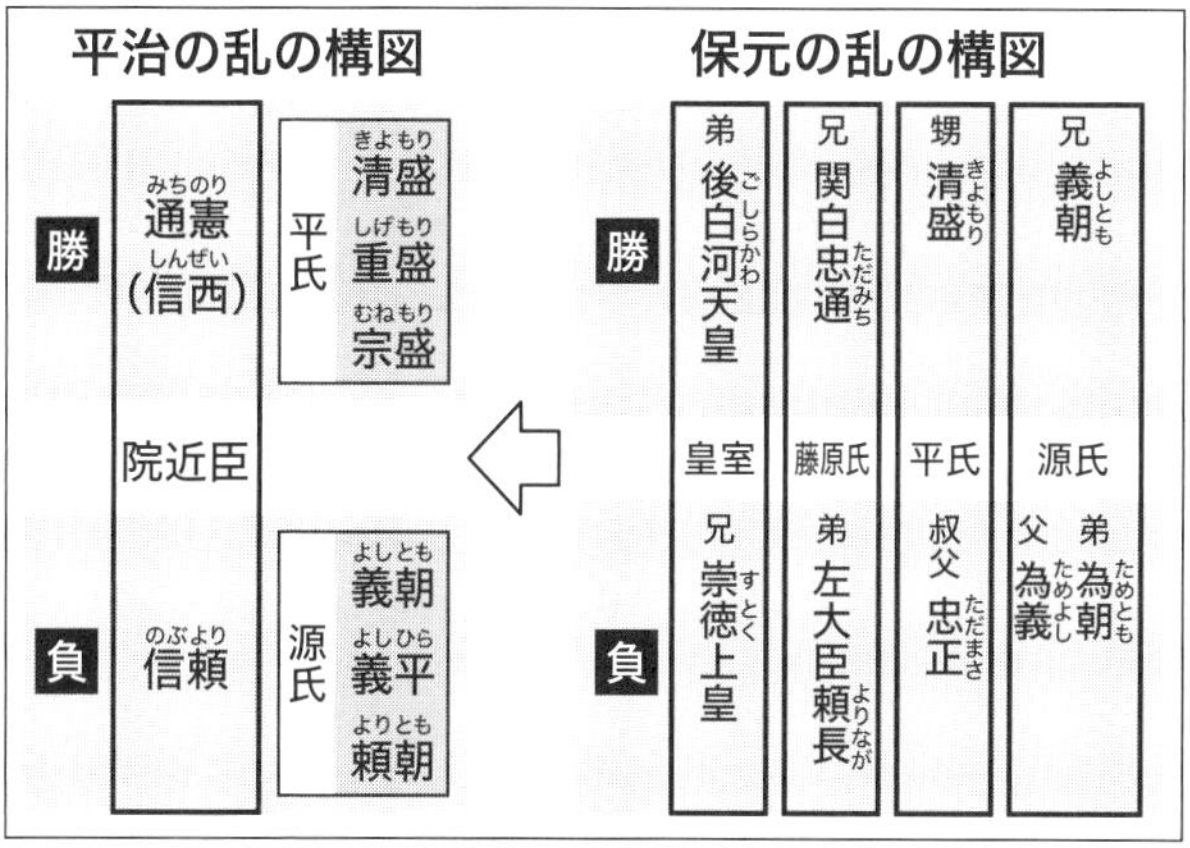

保元の乱の構図

	皇室	藤原氏	平氏	源氏
勝	弟 後白河天皇	兄 関白忠通	甥 清盛	兄 義朝
負	兄 崇徳上皇	弟 左大臣頼長	叔父 忠正	父 為義　弟 為朝

平治の乱の構図

	院近臣	平氏／源氏
勝	通憲（信西）	平氏：清盛　重盛　宗盛
負	信頼	源氏：義朝　義平　頼朝

『山川　詳説日本史図録（第８版）』（山川出版社）より一部改変

同様の朝廷内のいざこざは過去にもありましたが、これまでと違うのは、**源平という武士が直接かかわったこと**です。そして雌雄を決する戦いを繰り広げたのは、武士たちだったのです。保元の乱は、後白河天皇側が勝利し、敗れた崇徳上皇は讃岐国（香川県）に流されました。

その3年後の1159年、今度は信西（藤原通憲）と平清盛・重盛ら、藤原信頼と源義朝・頼朝らの両派に分かれた乱が起こります。保元の乱の後、事実上の最高権力者となったクセモノ信西が信頼によって倒されたことで、乱に発展したのでした。

この**平治の乱に勝利したのが平清盛**です。清盛は義朝を殺害し、義朝の子でのちに「鎌倉殿」となる頼朝を伊豆に流しました。このとき頼朝はまだ14歳でした。

後白河上皇の信を得た清盛は出世の階段を駆け上がり、1167年には従一位を得ます。そう、武士として初めて**太政大臣**（だじょうだいじん）になったのでした。

❷ 佐殿（すけどの）のアドバンテージ

平氏全盛の世、頼朝は14歳から34歳まで、実に20年あまり伊豆での幽閉生活を余儀なくされます。

配流先は従来、伊豆半島西岸の蛭ケ小島（ひるがこじま）（伊豆の国市）といわれてきました。しかし、当初は**伊東祐親**（すけちか）の監視下に置かれていたため、しばらくの間は伊豆半島東岸の伊東（伊東市）だったという説が有力です。

この伊豆半島のどちらかで、頼朝はどんな生活を送っていたのでしょうか。

その前に、頼朝の幼少時代を紹介しておきましょう。

頼朝は **(1)「上総（かずさ）の御曹司」義朝の三男**として生まれました。幼名は鬼武者（すごく強そうです）。通常、武家社会では長

◆我が子にそっくり!?

「あのとき、ああしておけば……。」

人生を振り返ると、そう思うことが一度や二度はあるでしょう。平清盛の最大の「ああしておけば」は、頼朝を生かしたことだといわれます。

父・義朝が討たれたとき、頼朝も死を覚悟していました。しかし、清盛の継母にあたる**池禅尼**（いけのぜんに）**が清盛に助命を嘆願し、頼朝は九死に一生を得た**のです。池禅尼は、頼朝が信心深いこと、亡くした我が子に瓜（うり）ふたつだったことから、強い憐憫（れんびん）の情を抱いたようです。

男・次男の順に重んじられますが、頼朝は三男ながら正式な跡取り候補として特別扱いされていました。

頼朝のアドバンテージは、どこにあったのでしょう？

頼朝の母は尾張国（愛知県西部）**熱田（あつた）神宮の大宮司の娘**でした。熱田神宮は草薙（くさなぎ）の剣（つるぎ）（三種の神器のひとつ）が奉納されているように、皇室との結びつきが強く、その長官である大宮司の身分はとても高かったのです。

幼少期から英才教育を受けた頼朝は、母の縁もあって早くから宮廷にとり立てられました。12歳で皇后に仕える役職に任官し、その後も鳥羽法皇の皇女、後白河上皇の皇女に(2)**蔵人（くろうど）**として仕えます。

運命が大きく変わるのは、前項で説明した平治の乱です。

最後は平清盛に敗れてしまいますが、一時は藤原信頼と父・義朝が内裏（だいり）を支配しました。これにともなって、頼朝も従五位下「**右兵衛権佐（うひょうえごんのすけ）**」という官位をたまわりました。わずかな期間でしたが、この官位に就いていたため、流浪の地・伊豆で頼朝は**佐殿**と呼ばれたのです。

こうした家柄や血筋のよい人のことを**「貴種（きしゅ）」**といいます。**貴種であることが、頼朝の最大のアドバンテージだった**のです。

---

(1) **上総の御曹司**
頼朝の父・源義朝の異名。義朝は、上総氏・三浦氏ともつながりが深く、上総国（千葉県中部）にも勢力を広げていた。このため、「上総の御曹司」と呼ばれる。**東国武士のあいだで、義朝の信望はとても厚かった**と伝えられる。

(2) **蔵人**
天皇の側近に侍して、朝廷の雑事や宮中行事の管理・整備などを担う官人。朝廷の機密文書を扱うこともあった。

とはいえ、源氏の栄光は過去のもの。平氏全盛の世において、周囲から佐殿こと頼朝は「落ちぶれた源氏のお坊ちゃま」という目で見られていました。

ただ、毛並みのよさに加わえて容姿も端麗だったことから、女子には人気でした。流した浮き名は数知れず。このあと佐殿の「下半身」がいくつかのトラブルを引き起こします。

❸「女たらし」の代償

平氏の仇敵（きゅうてき）であったことから、伊豆周辺のボス連中のなかには、頼朝とは深くかかわりたくないという者も少なからずいました。

そんななか、**乳母（めのと）（母親代わりに養育する女性）のひとりとして頼朝の面倒を見たのが比企尼（ひきのあま）**です。比企一族は武蔵（むさし）国のボスでした。比企尼は夫とともに京から領国に戻り、頼朝が挙兵するまで金銭面で支援し続けたのです。不遇の頼朝を支えた最大の功労者といってよいでしょう。この比企尼の甥（おい）で養子にあたるのが、のちに「13人」の一員となる**比企能員（よしかず）**です。

また、比企尼の娘婿の**安達盛長（もりなが）**も、「13人」のメンバーに選ばれます。盛長は、この伊豆配流時代から生涯にわたり、頼朝に仕えました。さらには、盛長の兄の子とされる**足立遠元（とおもと）**も、「13人」の一員です。安達盛長の出自はよくわかっていませんが、足立遠元は武蔵国足立郡の武将でした。

東京都足立区は足立郡に由来します。

京都で過ごした少年期の縁も活かされました。朝廷に仕える中級貴族の**三善康信（善信）**が、都の情勢を頼朝に知らせてくれたのです。しかも、10日ごとに。頼朝の乳母（比企尼とは別人）の妹が母だったこともあり、もとより源氏とは結びつきが強かったのです。この三善康信も、「13人」の一員として「鎌倉殿」を支えることになります。

このように、「鎌倉殿と13人」の人脈のベースは、伊豆配流時代に整えられたものが多いのです。

しかし、頼朝はそんななかで窮地に陥ります。手をつけてはならない女性に手を出してしまったからです。こともあろうか、頼朝の監視役を務める**伊東祐親の娘**と密かに結び、千鶴という名の男児をもうけたのです。祐親が**大番役**(1)として、京に詰めていたときのことでした。

都から戻った祐親は大激怒し、ふたりの仲を裂きました。さらに、3歳の幼い千鶴を川に沈めて殺したの

(1) **大番役**
皇居や上級貴族の警護役。朝廷の命令で地方の武士が務めていたが、長期赴任で負担が大きく、みな不満を抱いていた。

です。祐親は平清盛からの信頼が厚く、それゆえ娘が頼朝の子、しかも源氏の跡取りになりかねない男子を産んだことが清盛の耳に入ればどうなるか、火を見るより明らかだと恐れたからでした。

祐親の怒りは収まらず、頼朝にも夜討ちの刃を向けようとしました。しかし、比企尼との縁が窮地の頼朝を救うことになります。祐親の子・祐清が頼朝の居場所に向かい、**北条時政のもとへ逃げるよう、ひそかに導いた**のです。心優しい祐清は比企尼の娘婿で、かねてから父・祐親の非道な行いに批判的でした。

受け入れる側の時政の心中は、どうだったのでしょう？

〈やっかい者を抱え込んでしまった……〉

〈落ちぶれたとはいえ、源氏の貴種。ここで恩を売っておけば……〉

14歳になっていた小四郎こと北条義時も、同じ思いだったのでしょうか。その胸のうちに入るのは困難ですが、北条一家が住居まで用意して、「佐殿」頼朝を受け入れたことは確かです。

こうして頼朝は、**北条時政の庇護の下、伊豆の蛭ヶ小**

1147	源頼朝が生まれる
1156	保元の乱が起こる
1159	平治の乱が起こる
1160	頼朝が伊豆に流される
1163	北条義時が生まれる
1167	平清盛が太政大臣になる
1175	頼朝が北条時政のもとに身を寄せる
1177？	頼朝と政子が結婚する

島で第二次配流生活を送ることになりました。

さすがの頼朝も反省しきりのはず……。

❹ 世紀のカップル誕生！

ところが性懲りもなく、頼朝はまたもや手をつけてはならない女性と関係をもってしまったのです。今度も女性の父こと時政が大番役、すなわち宮廷のガードマンとして京に詰めていたときのことでした。

「プロローグ」で紹介した**北条政子との交誼、そして世紀のカップルの誕生**です（↓19ページ）。ふたりの仲をとりもったのは、「13人」のひとり**安達盛長**と伝えられます。このとき、頼朝は30歳、政子は21歳。当時としては、ともにかなりの晩婚でした。

時政は当初、ふたりの結婚に大反対でした。しかし、政子の一本気な性格、激しい気性をだれよりもよく知る時

◆不世出のやきもち女傑

頼朝は懲りない男でした。鎌倉に拠点を置いた2年後の1182年。頼朝はふたり目を身ごもった政子の眼を盗み、**亀の前**という美女と逢瀬を重ねたのです。これに政子の怒りが爆発！　すぐさま近臣の牧宗親に命じ、逢瀬の館を破壊させたのでした。

ところが頼朝は、破壊実行人・宗親に対し、〈先にオレに知らせろよ！〉と逆ギレ。宗親の髻（まげ）を切ったのです。武士にとっての恥辱。宗親は、時政が溺愛していた牧の方の父（兄とも）であり、今度は時政が頼朝にブチキレ、一族で伊豆に帰ったのでした。このとき、**義時は鎌倉に残ったため、頼朝の信を得た**といわれます。

政はしぶしぶ結婚を認めたのでした。あるいは、こう思っていたかもしれません。

〈都では平氏への不満が高まっているようだ。源氏についたほうが、北条家には有利かもしれんぞ……〉

いずれにせよ、**平氏に背を向け、流人の頼朝に北条家の未来を託すこと**になったのです。

さて、このころ都では、平清盛と後白河法皇のあいだに確執が生じていました。

❺ おごれる平氏も久しからず

平氏は清盛とその子重盛（しげもり）をはじめ、一門で朝廷の要職を独占していました。

さらに清盛は娘の**徳子**（とくし）**（建礼門院）**を高倉天皇の后にし、ふたりのあいだに産まれた子を天皇にしようと企（たくら）んでいました。藤原道長（↓27ページ）と同じく、外戚（がいせき）の座を狙って

◆「政子」ってだれ？

頼朝は、妻のことを何と呼んでいたのでしょうか？　少なくとも、**「おい、政子！」と呼ぶことは一度もなかった**ことでしょう。おそらくは当時、だれも政子とは呼んでいませんでした。

〈えっ？〉と思われるかもしれませんが、「政子」はのちに官位をたまわったとき、「時政」から一字をとって付けた記録上の名なのです。幼名は「万寿（まんじゅ）」「朝日」と伝えられますが、普段は「北条の姫」と呼ばれていました。

頼朝が将軍になってからは、**「御台所（みだいどころ）」**という正室の一般的な敬称で呼ばれました。出家後は、みなさんご存知の**「尼将軍（あま）」**や「尼御台所」「二位尼（にいのあま）」などと呼ばれたようです。

いたのです。〈な～んだ、清盛は摂関家に憧れていたんだ！〉と思われても仕方ないですね。

１１７７年、京都東山の鹿ケ谷に院の近臣の貴族たちと僧の俊寛が集まりました。平氏打倒に向けた密議を行ったのです。しかし、すぐに発覚。密議参加者を処罰して、さらに反平氏派の貴族の官職も解いてしまいました。これを**鹿ケ谷事件（鹿ケ谷の陰謀）**といいます。

それから2年後、清盛は後白河法皇を幽閉してしまいます。また、清盛は院政を停止するだけでなく、貴族が所有していた多くの荘園も手にし、全国の**知行国**(1)の半分以上をわがものにしました。平氏一門が諸国の国司の職も独占したのです。まさに、**平氏にあらずんば人にあらず**の状態。

さらに翌１１８０年、清盛はわずか3歳の孫を**安徳天皇**として即位させ、清盛は狙い通り外戚の座を得ました。こうして平氏独裁体制を完成させたのです。

しかし、平氏への不満のガスは充満、爆発寸前の状態にありました。これに火を点けたのは、後白河法皇の子**以仁王**の挙兵と**平氏討伐の令旨**(2)

---

(1) **知行国**
院政期、国司が得ていた収益を、特定の皇族・貴族や寺社にあたえる制度ができた。この**知行国制度**が適用された国。分国ともいう。全盛期の平氏は、全国66の知行国の半数以上を手にしていた。

(2) **令旨**
皇太子・皇后など、皇族が出す命令。天皇の命令は**宣旨**という。もちろん重く、最優先すべき命令のひとつだった。

旨です。安徳天皇の即位の2か月後、以仁王は**源頼政**とともに平氏追討の兵を挙げたのでした。以仁王は平氏のために帝位にめぐまれず不満をもっていました。また、頼政は源氏ながら清盛に取り立てられて高位にありましたが、平氏の横暴と源氏の衰亡を見るに見かねて立ち上がったのです。

しかし、以仁王も頼政も武運つたなく敗死。

着火はあえなく失敗……と思いきや、そうではありませんでした。ふたりの火の粉が各地に延焼していったのです。以仁王が出した**平氏討伐の令旨**が諸国の源氏に伝えられると、平氏打倒の火の手がいっせいに上がったのでした！

令旨は、伊豆の頼朝・政子夫妻の元にも届きました。治承4（1180）年から、寿永4（1185年）まで続く争乱は、年号を冠して**治承・寿永の乱**と呼ばれます。一般には、**源平合戦（源平の争乱）**として知られています。

次項では、この治承・寿永の乱での頼朝・義経兄弟、義仲、そして「13人」の活躍を見ていきます。

1177	鹿ヶ谷事件が起こる
	（この頃、頼朝と政子の結婚）
1179	清盛が後白河法皇を幽閉する
1180	2. 安徳天皇が即位する
	5. 以仁王と頼政が挙兵する
	6. 清盛が福原に遷都する
	（約半年後、京都に戻る）
	8. 源頼朝が挙兵する

鎌倉時代のハテナ…その2

Q 鎌倉時代の武士社会で、女性の地位は低かったの？

この時代も女性への差別があり、家督を継ぐのも原則として男性だけでした。しかし、財産の相続権は女性にもあり、女性の地位が決して低かったわけではありません。鎌倉時代半ばまでは分割相続で、**女性や養子にも相続権が認められていた**のです。

それどころか、原則として**夫婦別財産**でした。離婚しても、夫から財産を没収されることはなかったのです。結婚の形態もさまざまで、婿入り婚も少なくありませんでした。

広い所領をもつ女性もいましたし、**地頭になった女性**もいました。都では高利貸し（借上）を営む女性もいたようです。また夫婦別姓（夫婦別氏）だったので、令和のいまより〝先進的〟だったかもしれませんね。

しかし、鎌倉時代の後半になると嫁入り婚が一般的になり、家父長の権利が強まっていきました。財産も家長がすべて単独相続するようになり、**女性の地位はしだいに低下していった**のでした。

3 平氏追討にいざ出陣！

❶ ネズミがネコに歯向かう？

治承・寿永の乱（**源平合戦**）は、歴史のターニングポイントのひとつといってよいでしょう。伊豆にも**平氏討伐の令旨**が届き、機は熟しました。ところが、追って頼朝のもとに、「13人」のひとり**三善康信**の弟から京の情勢が伝えられたのです。

〈令旨を受けた者は、平氏に討伐される。早く奥州に逃げよ！〉

しかし、千載一遇の大チャンスを逃すわけにはいきません。このとき、頼朝は「鎌倉殿」への階段を駆け上がることを決意したのです。あるいは、恐怖心の裏返し、自暴自棄になったのかもしれません。が、ともあれ頼朝は東国各地のボスのもとに**安達盛長**ら腹心を派遣し、〈（全員に）あんただけが頼りなんだ！〉と打倒平氏の協力を求めました。

しかし、平氏一門の絶大な力を知るボスたちの腰は重く、賛同する者はわずか。なかには、〈ネズミがネコに歯向かってどうするんじゃ！〉などと、逆に罵倒するボスもいたくらいです。

結局、頼朝の挙兵にすぐ応じたのは、北条時政とその部下たちだけでした。さりながらその後、平氏が相模国に所領をもつ**大庭景親**の追討軍をよこしてくると、同じ相模の**三浦義澄**と**和田義盛**が参加表明をしてきました。なぜ頼朝が窮地に陥ってから味方したのでしょうか？

これには**義澄の父であり、義盛の祖父でもある三浦義明**の存在がありました。三浦義明は頼朝の父・義朝の家来でもあり、源氏への思い入れが深かったのです。そして三浦ファミリーの両家としては追討軍が勝つと、それを指揮した大庭が相模で幅を利かせるようになる、という打算的な危機感も共通していたことでしょう。

三浦義明自身は頼朝挙兵のとき、90歳近い高齢ながら意気軒昂で、〈ワシは源氏累代の家人。幸いにしてその貴種の再興のときにあった！〉と熱く語ったと伝えられます。これに息子の義澄と孫の義盛は従ったのでした。

兎にも角にも、だれもが平氏にビビるなか、三浦一族は手を挙げてくれたのです。頼朝の覚えが悪いはずがありません。のちにふたりは、「13人」のメンバーに選ばれます。

このころ都では、清盛が打ち出した**福原（今の神戸付近）遷都**が大きな騒動を引き起こしていました。平氏と院との関係も改善されぬまま。さらに、専横をきわめる平氏に延暦寺をはじめとする大寺院からの反発も高まっていたのです。

盤石だったはずの平氏独裁体制は、かなりグダグダになっていたのでした。

❷ 初戦は圧勝、2回戦で大敗

話は挙兵直前に戻りますが、頼朝の最初のターゲットは**山木（平）兼隆**の館でした。

かつて山木は北条政子のフィアンセだった男です（→19ページ）。

〈だからか！〉という訳ではありません。山木は平氏傍流とはいえ、清盛の息がかかった憎き目代[1]（代官）です。山木を血祭りに上げれば、源氏派の東国ボスたちの血潮も滾るでしょう。

このとき、源頼朝は34歳。小四郎こと**北条義時**も、いまなら参政権がある18歳になっていました。頼朝軍は夜襲攻撃で一気に勝負を決め、初戦は圧勝しました。館を焼きはらい、山木の首も取ったのです。

2回戦の対戦相手は、平氏が送りこんできた先ほどの**大庭景親**でした。大庭は「東国の御後見」として清盛から厚く信頼され、相模国（神奈川県の一部）の守りを任されていました。戦いの舞台は、石橋山（小田原市）。大庭の軍勢は約3千騎、これに対して頼朝の軍勢は約3百騎。戦力は圧倒的に劣っていましたが、頼朝軍はひるまず立ち向かいました。しかし、平氏側には伊東祐親の約3百騎も加勢し、多勢に無勢でした。

結果、この**石橋山の戦いは大敗**。数がすべてでした。頼朝と北条一家は這々の体で散り散りに逃げましたが、時政の跡継ぎである宗時が討死する惨事となりました。

このとき、頼朝軍が戦った相手に**梶原景時**がいました。梶原はのちに「13人」のメンバーに選ばれます。そのきっかけになったといわれるのが、次頁の囲みコラムで紹介する「**頼朝最大のピンチを救う？**」のエピソードです。

このあと、頼朝一行7人は、地元の地理に明るい(2)**土肥実平**に導かれ、水路で房総半島に逃げ延びました。

なお、意気軒昂だった三浦一族は戦いに間に合いませんでした。それ

---

(1) **目代**
国司に代わり、**知行国**（→43ページ）を統治した役人。多くの在庁官人の東国のボスたちは、目代の命令に従わざるを得なかった。

(2) **土肥実平**
相模国の土肥郷に広い領地をもっていたボス。このあとも頼朝に従い、特に奥州藤原氏を滅ぼした**奥州征伐**（→81ページ）では大活躍した。

どころか、拠点の衣笠城を平氏軍の**畠山重忠**に攻撃され、同じく水路で房総半島へと逃れたのでした。

しかし、この畠山重忠ものちに頼朝のもとへ参じます。相模国出身の梶原しかり、武蔵国出身の畠山しかり、東国では昨日の敵であっても、明日の味方になるのでした。

❸ 3回戦前の大補強

頼朝・北条一行と三浦一行の房総半島への逃避行は、**能楽「七騎落ち」**の物語としても知られます。

物語が歓喜の酒宴で幕を閉じるように、半島南部の安房に逃れた一行は、〈西の平家&朝廷なにするものぞ！〉と高らかに再起を誓うのでした。

ここに、東国の長老格である**千葉常胤**と、同じく東国の大豪族である**上総広常**が加わります。千葉はもとは桓武平氏の出で、上総は非常に独立心が強かったのですが、予想以上に

◆頼朝最大のピンチを救う？

石橋山の戦いで大敗した頼朝は、土肥実平らわずかの部下を従え、山中に逃げこんでいました。大庭景親の指令で、そんな頼朝を追ってきたのが**梶原景時**の一軍でした。

梶原は岩窟（大樹の洞とも）に隠れていた頼朝と土肥を見つけます。しかし、大庭に知らせることなく、わざと見逃したのでした。『平家物語』など軍記物が伝えるエピソードで、信憑性にはハテナがつきます。

ただ、その後、梶原が頼朝を支えたことにハテナはつかないでしょう。汚れ仕事もいとわず引き受け、のちに梶原は**「13人」のメンバー**に選ばれます。

強い反平氏の流れに乗るのがベストと、源氏の「貴種（きしゅ）」に帰服したのでした。

「貴種」の頼朝は戦場に出たことで、自然とカリスマ性も身につけていったのでしょう。房総半島を北上する過程で、**畠山重忠**らほかの東国のボスたちも、つぎつぎと加わりました。畠山は〈平氏には一度世話になったが、もう義理は果たしたので、代々の主人に仕えます！〉と源氏の旗下に加わったのです。

衣笠城の遺恨がある三浦義澄は、畠山の合流にいい顔をしませんでした。しかし、頼朝の説得によって鞘（さや）を収めました。

畠山重忠は１１６４年生まれで、小四郎こと北条義時と同世代。こののち頼朝に尽くし、多くの戦功をあげます。「13人」のメンバーにこそ選ばれませんでしたが、「鎌倉殿」誕生の最大の功労者のひとりといえるでしょう。

『吾妻鏡（あずまかがみ）』は、このとき頼朝の軍勢は２万騎に膨れ上がったと記しています。これは盛った数字でしょうが、平氏との次の対戦を前に大補強は完成したのでした。

石橋山の大敗から約ひと月半で、**頼朝は東国を束ねるリーダー**となったのです。

4 「鎌倉殿」の誕生

❶ 劇的な退散？　劇的な再会！

3回戦の場所は、駿河国（静岡県）の富士川でした。

敵は、清盛の指示を受けた追討軍。大将は清盛の孫にあたる平維盛でした。清盛は平家一門の嫡子を差し向けたのです。一方の頼朝は戦いに先立ち、甲斐国の武田氏[1]に援軍を依頼していました。当然、**富士川の戦い**は熱戦が期待されましょう。

ところが、その火ぶたが切られることなく、頼朝軍の不戦勝に終わったのです。

『平家物語』は、富士川の戦いを次のように記しています。

〈対岸に陣取った平氏の兵は、水鳥が飛び立つ音を武田軍の夜襲と思いこみ、怖じ気づいて遁走した。〉

これは逸話にすぎないでしょうが、戦意に欠ける平氏軍が戦わずして撤退したことは疑いないようです。

翌日、頼朝は劇的な再会を果たしました。

平治の乱で生き別れになった弟が頼朝のもとを訪ねてきたのです。その弟の名は、**「九郎」「牛若」こと義経**。このとき22歳、たくましい若武者に成長していました。

京都の**鞍馬寺**で少年期を過ごしたあと、(2)**奥州藤原氏**のもとに身を寄せていましたが、頼朝挙兵の知らせを耳にし、居ても立ってもいられなくなったのでした。

こうして頼朝軍に、大物ルーキーが加わったのです。その後、ルーキー義経は西国での平氏との戦いで華々しい活躍をしました。しかしあることで「鎌倉殿」の逆鱗に触れ、チームへの合流を許されず〝解雇〟されるのでした（↓72ページ）。

---

(1) **武田氏**

頼朝と同じく清和源氏の出。甲斐国に土着したことから**甲斐源氏**と呼ばれる。富士川の戦いの前、武田氏に援軍依頼の交渉役を務めたのは**北条時政**だった。

(2) **奥州藤原氏**

11世紀末から12世紀末の約百年間、**清衡・基衡・秀衡**の三代にわたり、**平泉**（岩手県）を中心に〝独立国家〟を築いた。繁栄の時期は院政期と重なる。

❷ いったん守りを固めよう！

さて、ここまで2勝1敗（うち不戦勝1）。まだ序盤戦ながら、シリーズ制覇が見えてきました。頼朝は一気に勝負に出ようとします。〈この勢いで京に上がり、平氏の拠点を攻めるぜ！〉と選手たちに命じたのです。

しかし、だれも首を縦に振りません。主力選手の**三浦義澄**、**千葉常胤**、**上総広常**が口をそろえて、こう諫めたのです。

〈ビジターで戦っている隙に、北から敵が攻めてくるかもしれない。ホームの東国をまとめるのが先だ！〉

ともに平氏の支配を打ち破りたいのは同じですが、都で育ち父の仇を討ちたい「源氏の棟梁」頼朝と、東国に根を張り所領を守りたいボスたちとでは、戦いの目的が根っこから違ったのです。

頼朝は日本シリーズの制覇（＝平氏打倒＆新政権樹立）、**東国のボスは年俸確保・アップ**（＝本領安堵＆新恩給与）**をめざして**

戦っていたのでした。

選手たちの意向を無視できません。そもそも頼朝には、直属の部隊がありませんでした。

いったん守りを固める！　そして来る時機を待つ！　そこで頼朝は源氏ゆかりの地、**鎌倉に本拠地の都をつくる**ことを決めます。

❸「鎌倉殿」と御家人

鎌倉に帰る途中、相模国の国府でのこと。東国のボスたちが頼朝のことを〝真のオレらのリーダー〟と認めたのは、このときかもしれません。

頼朝は東国のボスたちに**本領安堵**、すなわち所領の保障を約束したのです。

〈みなは仲間であり、味方である。源氏がみなの土地を奪うことはない。安心してよい！〉

これだけではありません。さらに東国ボスの宿敵だった北の佐竹氏を攻め破り、みんなに論功行賞を行

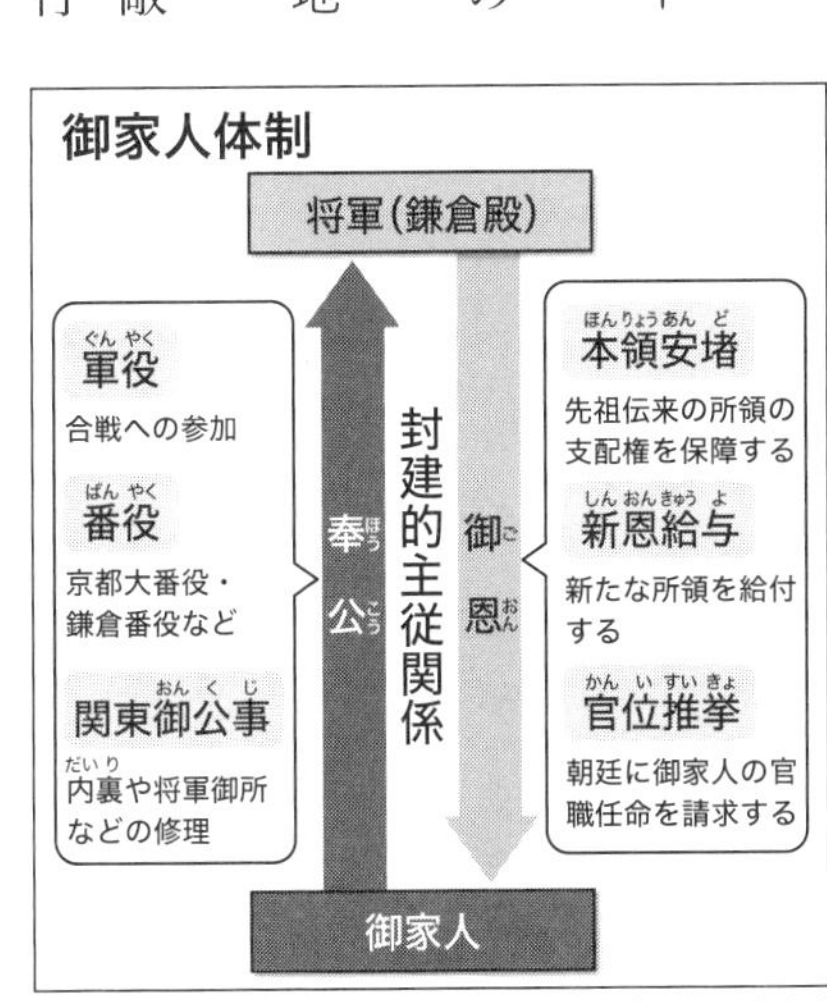

『山川　詳説日本史図録（第８版）』（山川出版社）より一部改変

いました。佐竹氏が支配していた常陸（ひたち）国を含む一帯の土地を、**新恩給与**として分けあたえたのです。

〈功績を挙げたものには、敵から奪った領地をあたえる。国司や荘園領主の許可など必要ない。わたしが独断で決める！〉

東国ボスたちにとっては何にも代えがたい喜びでした。もう国司や荘園領主の顔色をうかがう必要はありません。自分たちの立場はニューリーダー「鎌倉殿」が保証してくれるのですから。

1180	8. 源頼朝が挙兵する 山木兼隆（かねたか）を討つ 石橋山（いしばしやま）の戦いに敗れる 10. 富士川の戦いに勝つ 頼朝が義経と再会する 11. 佐竹氏を破る

こうして家人の東国のボスたちは、「鎌倉殿」の**御家人**となりました。御家人は「頼朝（鎌倉）殿」のために戦うという奉公をし、「頼朝（鎌倉）殿」はその見返りとして御家人に本領安堵・新恩給与という御恩をあたえたのです（↓13ページ）。

「鎌倉殿」と御家人の封建的主従関係が成立したのでした。

１１８０年のこのときをもって、**「鎌倉殿」の誕生、鎌倉時代の幕開け**とみる専門家も少なくありません。

一方、都では清盛の時代が終わりを告げようとしていました。福原遷都（せんと）が思うようにいかず、清盛は再び京に戻りました。しかし、人心は離れるばかり。そこに病魔が忍びよります。

❹ 武家政権の土台づくり

鎌倉では〝東国武士の新都造営計画〟が着々と進んでいました。

頼朝の住居兼執政の場となる大倉御所の完成も間近。北条時政・義時（よしとき）親子や御家人となった東国のボスたちの多くも、鎌倉に居を移すことになりました。

武家政権の統治機構づくりに着手するなか、頼朝は意外な人事を発表します。

頼朝が最初に開設した機関が(1)**侍所**（さむらいどころ）でした。その**侍所の別当**（べっとう）**に和田義盛**（よしもり）**を指名した**のです。創設時から従った北条時政や主力3選手の三浦義澄、千葉常胤、上総広常を差し置いての大抜擢（ばってき）でした。

武士社会の生き方や心構えを表す言葉に(2)**「弓馬**（きゅうば）**の道」**があります。御家人のなかで「弓の名人」として通っていたのが、和田でした。和田は、その道に長（た）けていたのです。戦場での武勇・戦功の面でも、頼朝は和田を高く評価していました。

和田は三浦義澄と同じ三浦ファミリーですが、義澄より20歳も年下で、

---

(1) **侍所**
御家人を統率・支配する機関。別当はその総司令官で、最重要ポストだった。

(2) **弓馬の道**
弓馬を使いこなす武士の生き方。中世の武士の第一条件は、**弓射と乗馬が上手いこと**だった。当時の合戦での武器の主流は、刀剣ではなく弓だったのである。
鎌倉時代の御家人は平時でも、流鏑馬（やぶさめ）や笠懸（かさがけ）（→97ページ）を欠かさず、弓馬の道を高めた。

頼朝と同じ1147年生まれでした。しかし、かねてから頼朝に御家人の統率役を志願していたといわれます。まだ若いものの、頼朝はその実力と胆力の強さから、和田を「四番バッター」に据えたのでした。

さらに、侍所の次官には、石橋山の戦い（↓49ページ）で頼朝に恩を売ったとされる**梶原景時**を指名しました。「四番バッター」が不発でも、それを補い、しっかり結果を出してくれる。若手の脇を固める梶原は頼りになる存在でした。

これに不満タラタラな御家人も多かったことでしょう。頼朝の義理の父にあたるベテラン選手こと北条時政の心中も、さぞかし複雑だったに違いありません。

和田の抜擢については、北条寄りの歴史書『吾妻鏡』の記述も、〈大した器量もないのに選ばれやがった〉と不満げです。

しかしながら実際、合戦での北条時政・義時父子の存在感は薄く、『吾妻鏡』にもその活躍を伝える記載はあまりありません。

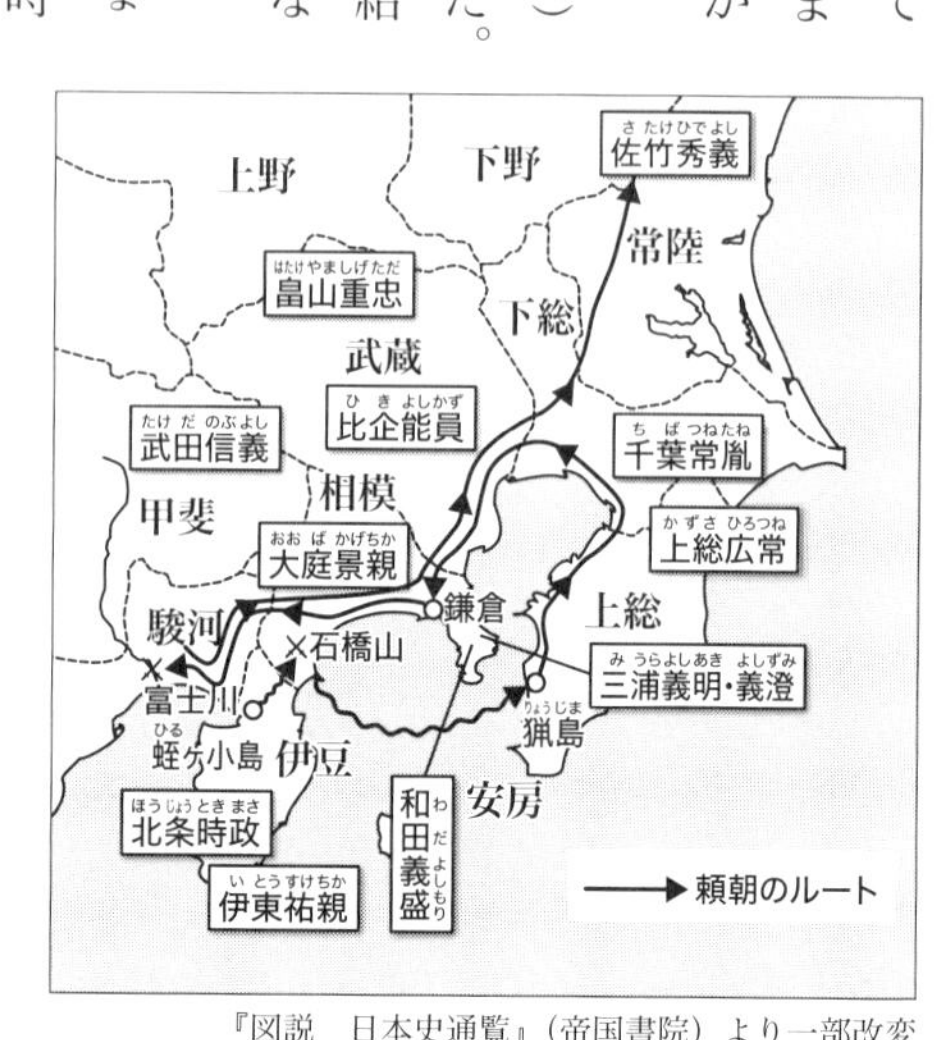

『図説　日本史通覧』（帝国書院）より一部改変

一方で『吾妻鏡』は、この一連の儀式において、**〈東国の者がみな頼朝を「鎌倉の主」と認めた〉**と記しています。『吾妻鏡』も、頼朝を「鎌倉殿」と〝公認〟したのです。

なお、武士政権の本格的なしくみが整うのはもう少し先、平氏を滅ぼした直後の1185年のこと。頼朝は国ごとに守護を、荘園・公領ごとに地頭を置きます（↓79ページ）。

歴史教科書では、このときをもって「鎌倉幕府の成立」とする見方が強くなっています。

鎌倉時代のハテナ… その3

Q 武士の名前がコロコロ変わるのはどうして？

所領をもつ武士や御家人は通常、その**土地の名を名字にしていました**。北条、伊東、千葉、三浦も地名です。しかし、新たな所領を得ると、その名を名乗るのが一般的でした。

プロローグでも紹介した通り、北条義時は、**江間（えま）という土地を所領にして以来、江間小四郎（こしろう）（四郎）と名乗りました**。和田義盛も、元は三浦姓でしたが、同じように和田という土地を所領して改名したのです。

男性の太郎、次郎、三郎などの名は、おおむね出生の順を表しています。北条氏は時政・義時・泰時（やすとき）と、みな「時」がついています。これは**通字（とおりじ）**（系字）といい、家系ブランドの正統性を表していました。伊東氏は「祐」、千葉氏は「胤（たね）」、伊勢平氏は「盛」、そして河内源氏は「義」と「頼」。

女性の場合、幼いころはみな〝お姫様〟でした。政子は「**北条の姫**」（↓42ページ）と呼ばれていましたし、頼朝と政子の長女は「**大姫（おおひめ）**」と呼ばれていました。どちらも正式名ではありません。

第2章

幕府の完成と合議制の開始

1 盛者必衰の理、平氏の滅亡

❶ 浮気モン「鎌倉殿」

治承・寿永の乱（源平合戦）の滑り出しはまずまずでした。

しかし、富士川の戦いのあと、頼朝は東国ボスたちの説得を聞き入れ、いったん[1]**上洛**をあきらめます。先述したように、東国の平定を優先し、1180年末から鎌倉で、新しい武家政権の基盤づくりに取りかかったのでした。

年が明けてまもなく、頼朝のもとに〝吉報〟がもたらされます。**清盛病没の知らせ**でした。64歳での死去。高熱にうなされながら発した清盛末期の言葉は〈わしの墓

歌川芳虎 画
「つき島にて日をまねぐ清盛」
（国立国会図書館蔵）

前に頼朝の首を供えよ……〉だったと伝えられます。

すぐさま後白河法皇は院政を再スタートさせましたが、政権を掌握していたのは平氏でした。トップは清盛の子・**宗盛**。天皇の座にあったのも、清盛の孫・**安徳天皇**でした。

養和元年の1181年は、清盛の祟りというわけではないでしょうが、天候不順が続く不穏な年でした。全国的な飢饉に見舞われ、都でも大量の餓死者が出たのです。その惨状は、**鴨長明**が(2)**『方丈記』**に詳しく記しています。朝廷内の政権争いも、いったん休止せざるを得なかったほどでした。

このころ、「鎌倉殿」は何をしていたのでしょう?

武士政権の基盤づくり、鎌倉の都市づくりに励みながら、また、子づくりにも励んでいました。いずれも順調で、政子のお腹には**2代目「鎌倉殿」になる予定の頼家**が宿ったのです。

しかし、相変わらず浮気にも励み、**「亀の前事件」**(↓41ページ)を引き起こしてしまうのでした。

もちろん、女性のことばかりを考えていたわけではありません。頼朝

---

(1) **上洛**
地方から、天皇が居る京に向かうこと。**入洛**ともいう。なお、頼朝は東国に幽閉されてから、生涯2度しか上洛していない。

(2) **『方丈記』**
有名な「**ゆく川の流れは絶えずして、しかも元の水にあらず**」の書き出しで始まる隠者文学の最高峰。**養和の大飢饉**だけでなく、大火、つむじ風、地震に見舞われた平安末期の**世の無常**を説いている。

は、御家人の「殿」です。東国のリーダーとしてどうすべきか、**平氏政権とは違う、新しい武士政権をつくる**には何をすべきか、常に模索していたのです。

本当にザンネンだったのは、そうした兄の真意や展望が弟・義経に伝わっていなかったことかもしれません。いったい、どういうことでしょうか？

❷「鎌倉殿」と「田舎モン」

その前にもうひとり。大きな戦功を上げながら、ザンネンな結果に終わった源氏を紹介しなければなりません。

源平の戦闘は、1183年から再びヒートアップします。平氏に圧勝し、先に上洛を果たしたのは、**木曽（源）義仲**でした。**倶利伽羅峠の戦い**（石川・富山の県境）で、この戦でも大将だった**平維盛**（→52ページ）の大軍を討ち破ると、義仲のもとには数万もの武士や僧兵が合流しました。みな、平氏に煮え湯を飲まされていた輩ばかりでした。

そんな荒武者を従えた義仲の大軍が都に迫ってくると、平氏

の棟梁・平宗盛はいったん都を離れることを決意します。三種の神器を手に、安徳天皇をともない、一族郎党を引き連れて西国へと向かったのでした。まだ〝主権〟は手放していませんが、ついに**平家の都落ち**です。

当然、入洛した義仲は都で大歓迎されました。

これに、鎌倉の頼朝は破顔一笑したのか、それとも先を越されたと地団駄を踏んだのでしょうか？

どちらでもありませんでした。

都で生まれた頼朝は、朝廷への目配りを怠っていませんでした。朝廷を支えるのが武士の務め。**後白河法皇と密に連絡を取り、朝廷を支える姿勢をしっかり示していたの**です。

一方、木曽の山中育ちの義仲は、政治的な交渉術も駆け引きの策も持ち合わせていませんでした。それどころか、**義仲の軍勢が都で略奪行為をはたらいた**のです。最初は義仲を歓迎した京の人々も、これにはガッカリ。

◆**盛った？　火牛攻め伝説**

合戦には、**盛ったエピソード**がつきものです。**『源平盛衰記』が伝える倶利伽羅峠の戦い**は、その代表といえるでしょう。

圧倒的な数の敵を破るには、陽動作戦や奇策に走るしかありません。まず義仲は、平地に白旗（源氏の旗）を多数掲げ、実数以上の大軍を装いました。**兵の数を盛った**わけです。

さらに**角に松明をつけた数百頭の牛を平氏軍に向けて放ちます**。これに大混乱の平氏軍は敗走！　……火牛攻めは古代中国の戦争で有名な作戦で、これにあやかった『源平盛衰記』はさすがに盛りすぎでしょう。実際は、**土地勘のない平氏を義仲がうまく奇襲できた**ことによる勝利だったようです。

法皇も粗暴な「田舎モン」義仲を毛嫌いしましたが、義仲は法皇を武力で脅し、征夷大将軍の官職を求めたのです。鎌倉にいたままなのに朝廷との関係が良好な頼朝に対する嫉妬心の裏返しだったのかもしれません。

義仲軍勢の乱暴狼藉も収まらないなか、都では頼朝待望論が急速に高まっていきました。平氏が落ち下ったあと、頼れるのは頼朝しかいません。

法皇は頼朝に、義仲追討を〝発注〟しました。その〝リターン〟として、頼朝に従五位下という貴族の官位をあたえ、さらに(1)**「寿永二年十月宣旨」**を出したのです。**東国の事実上の支配権を頼朝にあたえる**という画期的な宣旨でした。「鎌倉殿」頼朝のバンザイ！

頼朝にライバル心を燃やす義仲は激怒し、法皇を幽閉しようとします。これに対し、朝廷のお墨付きを得た頼朝は、弟の義経と範頼に**「義仲を追討し、院を守れ！　京の治安を維持せよ！」**と命じたのでした。

義仲は女武者の(2)**巴御前**とともに窮地を脱しようとしますが、「田舎モン」義仲のザンネン！　あえなく京を追われ、宇治川の

1180	11. 鎌倉に侍所を設置する
1181	閏 2. 平清盛が亡くなる
	4. 養和の大飢饉が起こる（～83）
1183	5. 倶利伽羅峠の戦いが起こる
	7. 平氏が都落ち、義仲が入京
	10. 寿永二年十月宣旨が出される
1184	1. 宇治川の戦い、義仲が討死

戦いで敗れたあと琵琶湖畔で討死しました。

しかし、これで「鎌倉殿」の天下到来となったわけではありません。都落ちしたとはいえ、平宗盛は三種の神器をもち、安徳天皇も一緒でした。福原で虎視眈々と平氏復活の機会をうかがっていたのです。また、西国各地には平氏を支持する武士も数多く残っていました。

そこで頼朝は法皇の意を受け、京を平定した義経と範頼に平氏追討を命じました。

❸ 義経の快進撃、それとも暴走？

ここからの義経の活躍は目ざましいものがあります。

一ノ谷の戦いでは、裏山の急峻な崖から奇襲攻撃をしかけ、福原に陣取っていた平氏の大軍に大打撃をあたえました。**「鵯越の坂落とし」**として有名です。

ただ、この奇策は〈他人（多田行綱）の戦功が義経の戦功にすり替わったんじゃないの？〉などといわれ、またコースは別あるいは複数だった

---

(1) **「寿永二年十月宣旨」**
頼朝はすでに東国を実効支配していた。しかし、この宣旨によって、**朝廷から東国支配権のお墨付き（公認）を得た**のだった。これに反逆した者は、「鎌倉殿」頼朝のさじ加減ひとつで追討できることになった。

(2) **巴御前**
義仲が連れ添った愛妾（愛人）。**武芸にも優れ**、数々の戦いで義仲を助けた。しかし、宇治川の戦いのあと、義仲の説得でたもとを分かった。

という説も出ています。

いずれにせよ、一躍ヒーローとなった義経は、法皇から左衛門少尉の官位をたまわり、**検非違使**に任命されました。検非違使は京の治安維持を目的に、警察・司法を兼ねた役職で、その権限は絶大でした。

義経は喜々として受け入れたのですが、この叙任こそ、**「兄の基本構想を弟・義経が理解できていなかったこと」**（→64ページ）だったのです。

義経の叙任は、東国の支配者である「鎌倉殿」の許可・推挙を得ぬままのものです。**朝廷から独立した武家政権を構想していた、あるいは朝廷との程よい距離を模索していた頼朝にとっては、いまいましく、看過できないことだった**のです。

頼朝は平氏を壊滅させることより、平氏から**三種の神器を取り戻すこと、安徳天皇を無事に京へ帰すこと**を第一に考えていたとも思われます。そうすれば、法皇からさらに厚い信頼を得て、東国で好き放題できるからです。

一方、義経は平氏を壊滅させようと意気込んでいました。頼

◆屍を乗り越えて

海の戦いは西国の武士が有利でしたが、陸の戦いは東国の武士が有利でした。東国の武士は、乗馬術に勝っていたからです。

もうひとつ、東西の大きな違いがありました。『平家物語』は、こう記しています。

〈西国の武士は身内が討たれると、戦場を離れて供養する。対して、**東国の武士は身内が討たれても、その屍を乗り越えて向かっていく**〉と。

朝はそんな血気盛んな義経にストップをかけ、もうひとりの弟・範頼に平氏攻略を命じます。

しかし、範頼は十分な戦果を挙げることができません。戦況は膠着(こうちゃく)状態に陥り、平氏は讃岐(さぬき)（香川県）の屋島(やしま)で勢力を回復しつつありました。法皇も、平氏の動向に戦々恐々としています。

結局、義経に頼らざるを得ない状況となり、頼朝はやむなく、義経に出陣を命じたのです。奮い立った**義経は屋島の戦いで、またもや際立った軍事の才を発揮しました**。

「西船東馬」という言葉があるように、海の戦いでは西国の平氏が有利でした。平氏は多くの船団を従え、瀬戸内の海を知りつくしていたからです。

海から真正面に屋島を攻撃しても勝てる見込みはありません。そこで義経は、屋島から離れた場所に上陸して陸路から遠回りし、油断していた平

氏軍を背後の山から襲ったのです。平氏軍はひとたまりもありませんでした。

❹ 海のもくずと消え……

またもや裏をかかれた平氏は、さらに西へと下っていきました。〈もはやこれまで〉と平氏から源氏に寝返る武士もあいつぎました。

1185年3月、**壇ノ浦（だんのうら）の戦いで平氏は滅びます**。盛者必衰の理――どんなに栄えたものも、いつかは必ず衰えるという仏教の道理は、平氏も例外ではありませんでした。

平氏滅亡の一報は、鎌倉の頼朝のもとに届けられました。しかし、頼朝にとって、諸手を挙げて喜べる朗報とはいえませんでした。頼朝は感慨に浸りながらも、少し顔を曇らせたのです。なぜでしょうか？

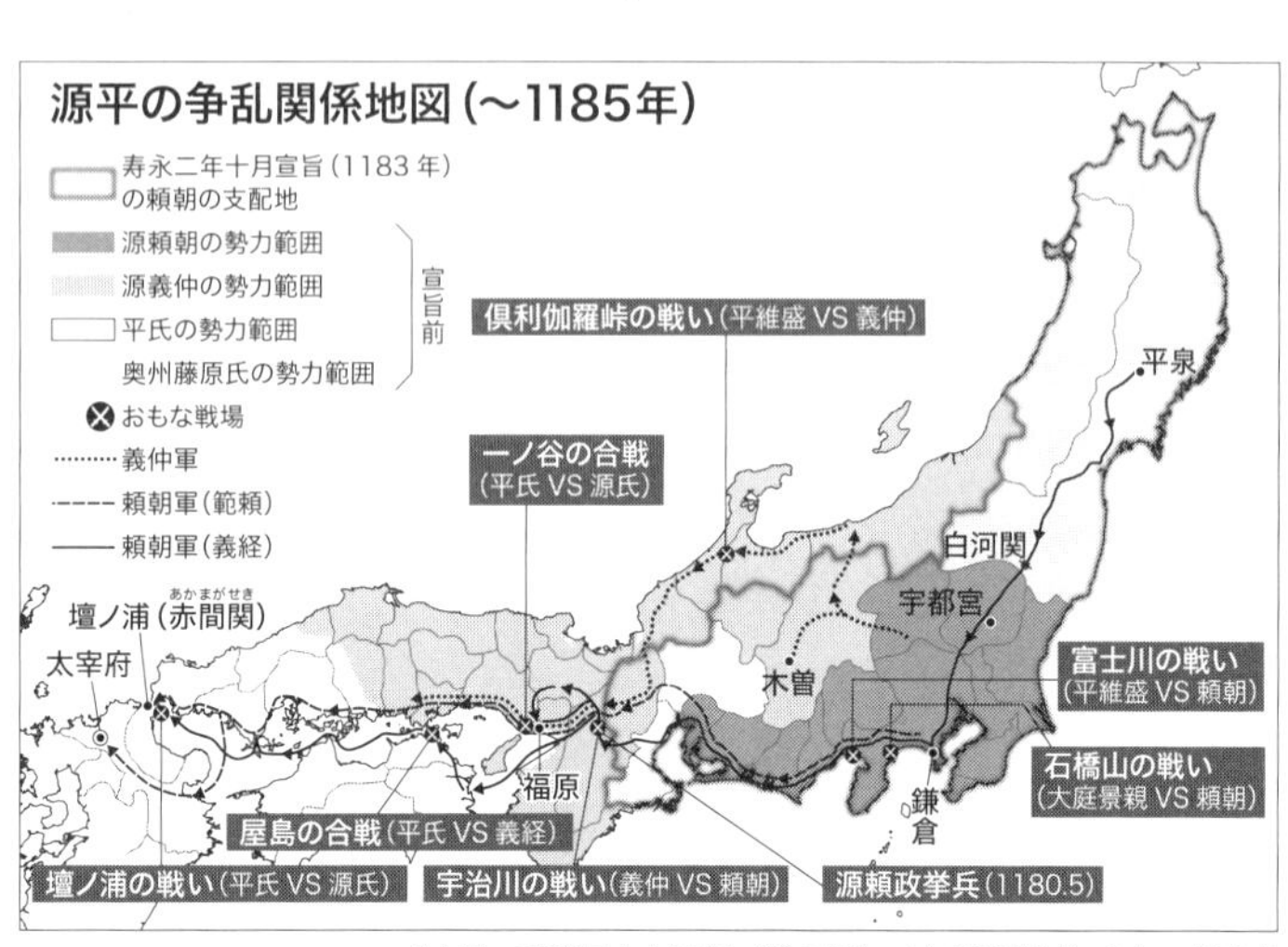

『山川　詳説日本史図録（第8版）』（山川出版社）より一部改変

義経の独断専行が目に余り過ぎたからです。また、**三種の神器も天皇も失い、朝廷のもとに帰すことができなかったから**です。壇ノ浦の戦いで、三種の神器のひとつ草薙の剣が海に消えました。安徳天皇も祖母の二位尼（平時子、亡清盛の妻）とともに入水したのでした。

このとき、二位尼は6歳の安徳天皇に「波の下にも都がありますよ」と説き促したといわれます。

捕虜の平宗盛らを引き連れ、都に凱旋した義経は鼻高々でした。法皇から新たな官職（院御厩司）をたまわり、京の人々からも大歓迎されました。

〈粗暴な「田舎モン」義仲とはえらい違いだ！〉

〈顔はイマイチだと思ったけど、カッコイイじゃない！〉

平氏壊滅のミッションを完遂した義経は、当然のように兄・頼朝からも笑顔で迎えられると期待に胸を膨らませていました。兄の真意をまだ理解できていなかったのです。

一連の合戦には、**梶原景時**も同行していました。しかし、義経と景時のあいだでは戦術などをめぐり、ひと悶着もふた悶着もありました（→123ページ）。このことが、義経の行く末をさらに険しいものにするのでした。

1184	2. 一ノ谷の戦い、義経が勝利
	8. 法皇が義経を叙任
	10. 頼朝が公文所・問注所を設置
1185	2. 屋島の戦い、義経が勝利
	3. 壇ノ浦の戦い、平氏が滅亡
1189	4. 衣川の戦い、義経が死去

❺「九郎判官」の哀しきわび状

「判官」とは、検非違使（↓68ページ）の尉という官職のことをいいます。

義経は、義朝の第九子（諸説あり）だったので、九郎と呼ばれました。その九郎が検非違使の職に就いたため、**「九郎判官」**は義経の代名詞になっています。これが「判官贔屓」の由来となったことは、広く知られるところです。

国語辞典『広辞苑』も「**源義経を薄命な英雄として愛惜し同情すること**。転じて、弱者に対する第三者の同情や贔屓」と認めています。

ただ、平氏を滅ぼした義経は、このとき〝弱者〟ではありませんでした。しかし、頼朝はまたもや自分を通さず、朝廷から官職を受けた〝にわか強者〟に大激怒し、義経が鎌倉の地に入ることを許しませんでした。

義経だけではありません。源平合戦で勲功を挙げた多くの御家人が朝廷から官職をたまわり、それを喜々として受けていました。頼朝は、朝廷の傘に下り、犬のように頭を垂れる御家人たちを一人ひとり呼び出し、激しく罵倒しました。

源義経像

（中尊寺蔵）

〈ネズミみたいな眼をしやがって。任官なんか、とんでもないわ！〉
〈声はしわがれ、後頭部もやばいぞ！〉
〈ホラばっかり吹きやがって。いくさは負けてばっかりのくせに！〉

都育ちのお坊ちゃまもすっかり東国の空気になじんだかのような罵詈雑言の対象には、のちに奥州合戦で活躍し、「13人」のメンバーとなる**八田知家**もいました。戦場からの帰路の途中、右衛門尉という官位をたまわったため、頼朝から〈怠け馬のくせに、道草を食いやがって！〉と、痛罵を浴びせられたのです。

ちょっと大人げないですが、頼朝の器量の小ささゆえではありません。頼朝が暴君だったわけでもありません。

朝廷に御家人の任命権を認めることは、「鎌倉殿」の存在意義にかかわります。**自分を通さず、御家人と朝**

◆「荒法師」文覚の荒々しい生涯

本名は遠藤盛遠。北面の武士として院の警備を務めたあと、横恋慕した人妻を殺め、それを悔いて19歳で出家。山中で荒行を重ね、その後も荒々しい人生を送ります。

空海を信奉し、真言宗系寺院の改築費を法皇に強要。断られると悪態をつき、伊豆に配流されます。そこで頼朝と出会い、**〈謀反を起こせ。全国を支配せよ！〉**と挑発。挙兵を促す文覚の手には、**義朝（頼朝の父）のドクロ**がありました。平治の乱のあと、手に入れたというのです。ホント？

源平合戦中は、都で頼朝の使者として暗躍。このころには法皇からも信頼され、空海ゆかりの寺院を整備。しかし、法皇と頼朝が世を去ると、後鳥羽上皇にうとまれ、最期は配流先の対馬で没しました。

廷が結びつくことは、頼朝にとって許しがたいことだったのでした。

義経もここに至って、恭順の意を示しました。鎌倉の手前、七里ヶ浜に近い腰越から**頼朝にわび状「腰越状」を送った**のです。

しかし、謝罪だけに止めていればよいものを、〈源氏の名誉と思い、検非違使を受諾したんだ。アニキぃ、わかってくれよ！〉という言い訳もしたためられていたのでした。

兄の心、弟知らず。

やはり、義経は頼朝の本意を理解できていなかったのです。

鎌倉時代のハテナ…その4

Q 教科書に載っていた源頼朝の肖像画がニセモノだったと聞いたのですが？

貴族の正装（衣冠束帯）を身にまとい、威厳あるたたずまいの肖像画。歴史教科書の定番で、見たことがある方も多いのではないでしょうか。しかし、その姿を令和の学習教材で目にすることは、めったにありません。

画法の特徴から鎌倉時代のものではなく、その約２００年後の室町時代の人物、**足利直義**（足利尊氏の弟）の肖像画ではないか、という説が出たからです。ただ、美術史家のなかにはこれを否定する意見もあり、ニセモノとまでは断定されていません。

現在の多くの教科書は、**甲斐善光寺が所蔵する「源頼朝坐像」**（高さ94・5㎝）を掲載しています。頼朝の命日が記され、鎌倉時代の制作であることから、頼朝の最も古い木像と考えられています。２０２１年の修復作業で、欠損していた玉眼も加えられました。

今後は、この修復木像が「鎌倉殿」の顔として教科書を飾ることになるでしょう。

源頼朝坐像
（甲斐善光寺蔵）

2 鎌倉軍事政権の完成

❶ 兄弟ゲンカのゆくえ

「鎌倉殿」頼朝と「九郎判官(くろうほうがん)」義経の兄弟ゲンカは、とうとう一線を越えます。

怒り心頭に発した頼朝が、京にいる義経のもとに刺客(しかく)を送ったのです。義経は愛する(1)**静御前(しずかごぜん)**の機転もあって、これを撃退しました。さすがに義経もキレて、後白河法皇に**頼朝追討の宣旨(せんじ)**（命令を伝える文書）を求めました。

対する法皇は悩むまでもなく、あっさり応じました。

〈えっ!? なぜ？ 法皇は頼朝に絶大な信頼を寄せていたんじゃないの？〉と思われる方も多いと思われます。

藤原為信 画「後白河院」
（『天子摂関御影』より。宮内庁三の丸尚蔵館所蔵）

これには朝廷の置かれた状況が関係しています。直属の軍をもたない朝廷は、争乱やいさかいが生じた際、近臣の武士に頼るしかありませんでした。このとき法皇のすぐそばにいたのが義経で、彼がいなくなると朝廷は武力を失うため、機嫌を損ねるわけにはいかなかったのです。

事態を受けて頼朝は上洛を決意します。侍所の長官（別当）の**和田義盛**と次官の**梶原景時**に戦いの準備をするよう命じたのでした。

ところが、またしても上洛は中止になりました。今度は富士川の戦いの直後（↓54ページ）とは違い、東国のボスたちが阻止したわけではありません。戦うまでもなかったからです。

「九郎判官」義経は、味方となる武士を集めることができなかったのでした。都の武士たちは数々の争乱を経て、潮目をつかむ眼が肥えており、**「鎌倉殿」頼朝に逆らうのは愚の骨頂と見た**のです。

そんな空気を読んだ法皇は節操なく、翌月には義経追討の宣旨を出して手のひら返し、さすがの義経もこれには抗うことができません。

義経は失意のまま、叔父の源行家、愛妾の静御前、従者の(2)**武蔵坊弁慶**らと都をあとにしたのでした。吉野（奈良県）などの山中を転々としたあ

---

(1) **静御前**

義経の愛妾（愛人）。**白拍子**という歌舞の名手。文献記録は少なく、義経との出会いの経緯も不明。義経の逃走中、頼朝と政子の前で、**義経を恋慕する歌**を舞い、政子の涙を誘ったと伝えられる（↓82ページ）。

(2) **武蔵坊弁慶**

京の**五条大橋で、「牛若丸」こと若き義経と出会い**、それ以来、義経の右腕として仕えたとされる。ただし、実在の人物かどうかは定かでない。

と、義経一行が最後に向かった先は、奥州藤原氏の拠点平泉（岩手県）でした。しかし、途中ではぐれた行家は捕斬され、吉野で静御前は囚われの身となります。

❷「鎌倉幕府」成立！

上洛の必要がなくなった頼朝は、代わりに義父・**北条時政**と約千騎の兵を京に送り込みます。

「頼朝追討の宣旨」を出した後白河法皇を問いつめ、ゆさぶりながら、**「東国」軍事政権樹立のために必要な宣旨を引き出すこと**がねらいでした。

ただ、百戦錬磨の法皇は一筋縄ではいきません。平治の乱後、自らが取りたてた平氏を義仲に討たせ、その義仲の追討を頼朝に依頼し、それを成し遂げた頼朝を義経に討たそうとした厚顔の「君子」です。

「君子豹変す」といえども、あまりに度が過ぎましょう。しかし、頼朝追討に対する「君子」の弁明は、その度をさらに上回りました。

〈ワシの本意ではなかったんじゃ。天魔のせいじゃ！〉

「天魔」は仏教用語で、人の善行さえもじゃまする魔王のことです。呆れた頼朝は、法皇に〈あなたは日本国第一の大天狗ですなぁ。あなたこそ天魔ですがな！〉と返しています。

京では、「大天狗」後白河法皇を相手に、しばらく影の薄かった時政が大仕事を成し遂げました。地道な交渉を重ね、「鎌倉殿」頼朝が望んでいた宣旨を引き出したのです。

全国に守護と地頭を設置することを認めるという宣旨です。

地頭は、土地管理の責任者。荘園や公領（国の領地、国衙領）を管理し、きっちり年貢を確保することを担う役職です。

守護は、軍事・警察の責任者。平氏の全盛期に新設された役職で、地方の各国の治安維持にあたりました。**地頭を含む御家人の統率**も職務に含まれています。

これは画期的なことでした。すでに「鎌倉殿」頼朝は、地方の統治者の任命権を握っていましたが、宣旨によって朝廷の〝公認〟を得られたからです。

当然、頼朝は自らに忠誠を誓う御家人を守護・地頭に任命します。

もともと守護・地頭の設置を頼朝に提言したのは、のちの「13人」のひとり**大江広元**でした。守護の設置は、奥州に逃れた義経を征伐する根拠にもなると、知略家の大

守護と地頭の権限

	守護（国地頭）	地頭（荘郷地頭）
範囲	諸国に1人 （複数国を兼ねることもある）	公領と荘園
出身	有力御家人	御家人
職務	**大犯三ヶ条** ①大番役の催促 ②謀反人の逮捕 ③殺害人の逮捕 など	①年貢の徴収・納入 ②地域の治安維持 ③新田開発・勧農 など

『図説　日本史通覧』（帝国書院）より一部改変

鎌倉幕府職制（初期）

将軍
- 鎌倉
  - 侍所（さむらいどころ）…軍事・警察・御家人統率を担当　初代別当は和田義盛
  - 公文所（くもんじょ）→ 政所（まんどころ）…一般政務・財政を担当　初代別当は大江広元
  - 問注所（もんちゅうじょ）…訴訟と裁判事務を担当　初代執事は三善康信
- 京都守護…京都警備などを担当
- 鎮西奉行（ちんぜいぶぎょう）…九州御家人の統率，太宰府の現地の職務などを担当
- 奥州総奉行（おうしゅうそうぶぎょう）…奥州御家人の統率，幕府への訴訟取り次ぎを担当
- 地方
  - 守護…大犯三ヶ条など
  - 地頭…荘園・公領の管理

『山川　詳説日本史図録（第８版）』（山川出版社）より一部改変

江は考えていたのです。

これに先立って、頼朝は鎌倉に公文所と問注所を設置しています。**公文所は政務一般をになう機関**で、別当（長官）には**大江広元**が任ぜられました。数年後、公文所は**政所**と名称を変えます。**問注所は訴訟関係を扱う機関**で、執事（長官）には**三善康信**（**善信**）が任ぜられました。三善も「13人」メンバーのひとりです。大江も三善も、頼朝が都から呼びよせた官人でした。ふたりとも中級以下の貴族で、朝廷での出世には限界があることを悟っていました。自分の力を発揮できる鎌倉に活躍の場を求めたのです。

こうして、中央に**侍所**（→57ページ）・**公文所**（**政所**）・**問注所**、地方に**守護**・**地頭**が設置されたことで、鎌倉幕府の統治システムは完成しました。

いまの歴史教科書の多くは、明確に断定はしていないものの、**1185年の守護・地頭の設置をもって、鎌倉幕府が成立した**と見なしています。**「いいハコ（箱）つくろう鎌倉幕府」**が令和時

代の暗記法になりつつあります。

❸ 最後の総仕上げ、奥州征伐

「いい箱」ができてから4年後。

1189年、「鎌倉殿」頼朝は、奥州に潜む義経の追討に乗り出します。命の取り合いをした義経をこのまま生かしておくわけにはいきません。ただ、真のターゲットは義経ではなく、奥州藤原氏でした。

義経をかくまっていた奥州藤原氏は、**平泉を拠点とする〝黄金の独立王国〟**を築き上げていました。3代藤原秀衡（ひでひら）の時代には、朝廷を脅かすほどの一大勢力になっていたのです。世界文化遺産に登録された毛越寺（もうつうじ）の浄土庭園や黄金に輝く中尊寺（ちゅうそんじ）の金色堂（こんじきどう）は、往時の繁栄ぶりをうかがわせます。

東国の支配者「鎌倉殿」にとっても、北に隣接する奥州は無視できない脅威でした。なので、かねてから

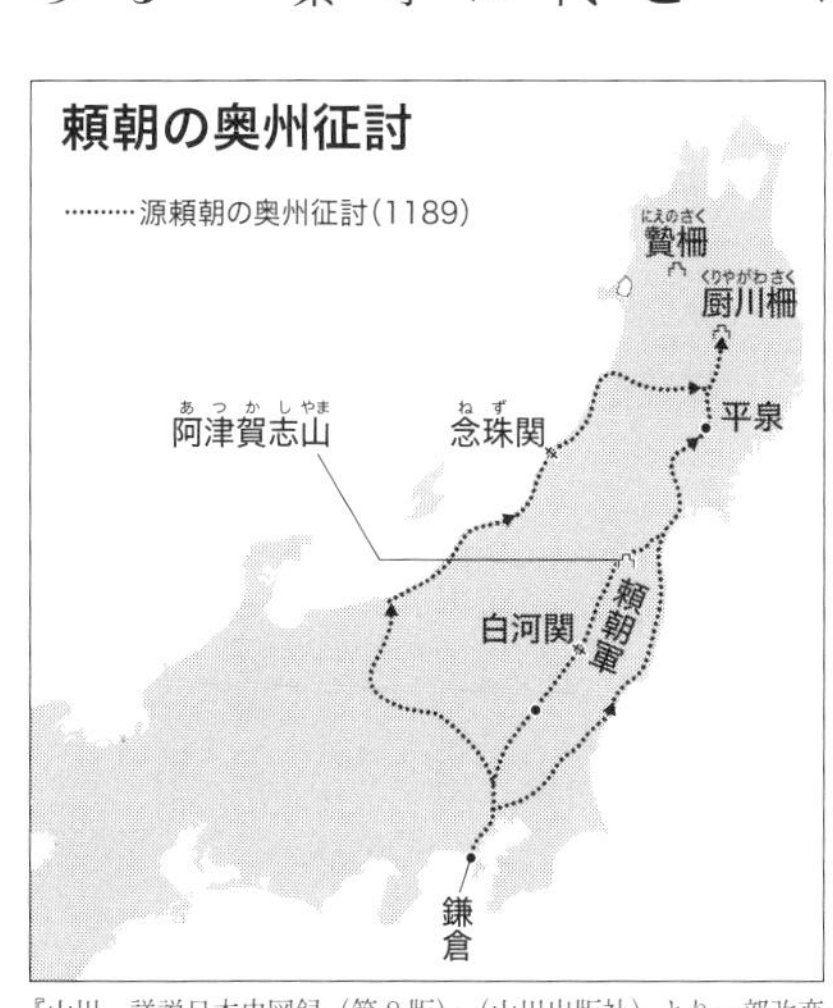

『山川　詳説日本史図録（第８版）』（山川出版社）より一部改変

義経の追討を機に、奥州藤原氏を壊滅させようと画策していたのです。

このとき、義経が父のように頼り慕っていた3代秀衡はすでに他界していました。頼朝は秀衡の子・泰衡（やすひら）に武力攻撃をちらつかせ、義経を引きわたすよう迫ったのです。

泰衡は亡き父から〈義経を将軍に立て、平泉を守れ。頼朝に屈するな！〉という厳命を下されていました。しかし、このままでは**朝敵**(1)になってしまいます。やむなく、義経が暮らす「衣川の館」を部下に襲撃させたのでした。義経31歳の死去。

これにて奥州征伐の完了……。

では、ありませんでした。「鎌倉殿」頼朝はみずから大軍を率いて、平泉に向かったのです。**泰衡を討ち、奥州藤原氏を滅ぼすため**です。

(2)勅許（ちょっきょ）を得ないままの奥州征伐ですが、もはや「鎌倉殿」にはだれも逆らえません。合戦では**畠山重忠**（しげただ）が先陣を務

◆白拍子「静御前」愛慕の舞い

義経一行が奥州に向かう途中のこと。吉野の山中で、義経の愛妾（愛人）の**静御前**が捕らえられ、鎌倉に送られました。静は厳しい尋問を受けます。しかし、口を割ることはありません。

白拍子（→77ページ）の名手と聞きつけていた北条政子は、静に舞わせようとしました。静は頑（かたく）なに拒みましたが、意を決しました。源氏繁栄の祈念式で、**義経への愛慕の情を歌い舞った**のです。一緒に見ていた頼朝は激怒。しかし、胸を打たれた政子が場を収めたのでした。

このとき、静御前のお腹には**義経の子**が宿っていました。生まれた子は男児。こればかりは政子の嘆願も聞き入れられず、幼な子の命は露と消えたのでした。

め、**千葉常胤**や「13人」のひとりで朝廷から官位をたまわって罵倒された**八田知家**も加わりました。

平泉は焦土と化し、陸奥国も出羽国も「鎌倉殿」の支配下に入りました。これにより、平氏に続いて、後顧の憂い（あとあとの心配事）になりかねない奥州も壊滅させたのでした。

奥州藤原氏の領地は畠山らの他にも、戦功をあげた南部光行、伊佐朝宗、千葉師常（常胤の子）らに分配されました。彼らの子孫は、戦国時代から江戸時代にかけて、**東北地方の有力大名**(3)として各地を統治することになります。「鎌倉殿」頼朝は、**徳川家康が確立する幕藩体制の種子もまいた**のでした。

ところで、名前が全く出てこない小四郎こと北条義時はどうしていたのでしょう？

源平合戦にも奥州征伐にも従軍していますが、特筆すべき活躍はしていません。北条よりの歴史書『吾妻鏡』ですら目立った記述はありません。頼朝の信頼は厚かったようですが、このころの義時のことを**「何もしない人」**と6文字で片づける歴史家もいるくらいです。

---

(1) **朝敵**
朝廷に対する反逆者で、**国賊**と見なされた。みな朝敵になることだけは避けたかった。

(2) **勅許**
天皇の許可。君主が直接出す命令や法令のことを**勅命**という。その勅命の免許のこと。

(3) **東北地方の有力大名**
南部光行の子孫は**南部藩**（岩手県）、伊佐朝宗は**伊達藩**（宮城県）、千葉師常は**相馬藩**（福島県）を治める大名となる。

❹「鎌倉殿」初めての上洛

それから1年余りのち。

1190年11月、「鎌倉殿」はついに上洛を果たします。頼朝このとき44歳。14歳で伊豆に流されて以来、30年ぶりの都でした。丁々発止のやり取りを重ねてきた「大天狗」後白河法皇とも、平治の乱以来のご対面です。

先陣は**畠山重忠**、後陣は**千葉常胤**が務めました。従う御家人の兵は約千騎。京の賀茂(かも)川には、東国の大ボスの姿と猛々(たけだけ)しい大武士団をひとめ見ようと、大勢の人だかりができました。つめかけた群衆のなかには、牛車の窓から顔を出す法皇の姿もありました。

このころ、院政を補佐していたのは、実直な(1)公卿(くぎょう)(2)**九条兼実**(かねざね)でした。1149年生まれなので、頼朝と同世代です。順調に出世の道を歩み、摂政(せっしょう)・関白を歴任。ただし法皇とはそりが合わなかったようで、天皇による朝廷政治の真の復

興を願い、頼朝に強い期待をかけていたのでした。

頼朝を迎える法皇も、このときばかりは殊勝でした。「大天狗」の鼻を突き出すことなく、頼朝を権大納言、右近衛大将に任じたのです。しかし、まもなく頼朝は辞任し、武門の最高位である征夷大将軍の職を求めました。

法皇はこれを拒否しますが、１１９２年に頼朝の願いは成就します。「大天狗」後白河法皇が亡くなったからです。享年66歳でした。

まもなく即位した**後鳥羽天皇によって、頼朝は晴れて征夷大将軍に任命されました**。このとき後鳥羽天皇はまだ13歳。将軍任命は九条兼実の推挙によって実現したのでした。

ただ、頼朝がほんとうに将軍職を求めていたのかについては、疑問の声もあります。都を離れても勤まる職が征夷大将軍だっただけ、貴族の高い官職には固執していなかった、などという見方です。

---

(1) **公卿**
きわめて高い位の貴族。**摂政・関白、太政大臣、左大臣・右大臣**など。朝廷の位階（↓23ページ）では、主に三位以上をさす。

(2) **九条兼実**
藤原忠通の子。博識・有能で、異例のスピードで出世した。１１９１年に**関白**に就任。日記『**玉葉**』は、第一級の史料として知られる。弟も仏教界の超エリート。天台宗座主で、『愚管抄』を著した**慈円**である。

3 「要塞都市」鎌倉の誕生

❶ 持続可能な〝コンパクト・シティ〟

源頼朝が「鎌倉殿」と呼ばれることになったのは、当然、武士政権の拠点を**鎌倉**に置いたことによります。鎌倉はどのような地だったのでしょうか？

幕府が開かれるまでの鎌倉について、『吾妻鏡』は〈漁民と老人しか住んでいない辺鄙な田舎だった〉とディスっています。

しかし、すでに**源頼義**が11世紀半ば、由比ヶ浜に**鶴岡八幡宮**を勧請していました（↓30ページ）。規模はともかく、そこそこ開けていたと考えるのが自然でしょう。それどころか、鎌倉は古代から、交通の要衝・景勝地として知られていました。古代の役所（郡衙）跡が発掘されており、『万葉集』にも鎌倉を詠んだ歌が数首収録されています。

頼朝が鎌倉を拠点にしたのは、**「源氏ゆかりの地」**であることが最大の理由だといわれます。

そしてそれ以上に、中学の歴史教科書などは**「防御に適していること」**を強調しています。南は海に面し、他の三方は山に囲まれているので、鎌倉は「自然の要害の地」というわけです。

実際、北から鎌倉に入るには、**「切通」**と呼ばれる7つの細い掘削路を通らなければなりませんでした。大軍が一挙に攻め入るのは困難です。切通の要所には、有力御家人が邸宅を構えており、少人数だと簡単に返り討ちにされてしまいます。

都でも難攻不落の地と知られていたようで、先ほどの**九条兼実**が日記『玉葉』に、「鎌倉城」

と記しているほどです。

海に面していることも、大きいといわれます。相模湾から伊豆半島や房総半島に通じる海は、重要な交通路でした。

こうした点から近年は、防衛面以上に**東国の海上交通の重要性**に絡めて、海に開けた鎌倉の立地の優位性を強調する声が増えています。

鎌倉の陸地は広くありません。そのため、「内で守る」ことよりも、「外に向かう」ことのほうが、よりメリットが大きいという見方です。少し先のことになりますが、3代執権**北条泰時**（↓193ページ）は、**宋からの貿易船が着港できる港湾設備**も整備しています。

さらにその後の為政者たちが、建長寺や円覚寺など臨済[1]宗の寺院をつぎつぎ建て、鎌倉に**鶴岡八幡宮と鎌倉五山[2]を備えた宗教都市**という肩書きも加えました。

このように、**鎌倉はさまざまな機能・装置を兼ね備える、サスティナブル（持続可能な）な幕府の未来に向けた〝コンパクト・シ**

◆「鎌倉幕府」ってナニ？

鎌倉幕府の成立年は、諸説あります。本書でも、1180年、1185年説などを紹介してきました。では、いつが本当の始まりなのか、頼朝殿ご本人に尋ねてみましょうか。

「いつ鎌倉幕府をつくったのですか？」「……ナニ、それ？」と、きょとんとされるだけでしょう。

元は、**戦場で大将が構える陣地のことを「幕府」といいました。**まわりに「幕」を張って、「府」（本営の場）としたことが語源です。

鎌倉幕府が政権を表す用語として定着したのは、明治時代以降のこと。頼朝も北条氏も、「鎌倉幕府」なんて言葉は知らず、使いませんでした。

ティ〟なのでした。

頼朝の先見は、21世紀まで射程に捉えていたのでしょうか？いま、「持続可能な都市」鎌倉は、東国のみならず日本を代表する国際観光都市として、世界じゅうから多くの観光客を集めています。

❷ 都市造営のはじまり

鎌倉の本格的な都市造営が始まったのは、1180年です。

頼朝は政所（→80ページ）を設置したあと、北西部の六浦路沿いに「大倉御所」を建てました。頼朝の住まいと執務を兼ねた館です。ここが鎌倉造営の拠点となりました。

主要な御家人たちも、この「大倉御所」の周辺に邸宅を構えました。畠山邸と八田邸が南門、比企邸が東門、三浦邸が西門のそれぞれ近く、という配置でした。

また南には、父・義朝の菩提を弔う**勝長寿院**を建て、**鶴岡八幡宮**も御所の西隣りに移しました。勝長寿院は大御堂（南御堂）と呼ばれ、頼朝亡

---

(1) **臨済宗**
曹洞宗と並ぶ**禅宗**の一派で、**栄西**によって開かれた。**武士の気風に合った**ため、鎌倉時代中期以降、多くの信仰を集める。ただし頼朝存命中、影響力はまだ強くなかった。

(2) **鎌倉五山**
鎌倉に建てられた**臨済宗の五大寺**のこと。**建長寺・円覚寺・寿福寺・浄智寺・浄妙寺**。多くは北条氏が建立し、のちの室町時代でも、足利氏から厚く保護された。

きあと、北条政権下でも厚く保護されましたが、残念ながら戦国時代に廃寺となりました。

鶴岡八幡宮は「源氏の氏神」を祀る社でしたが（↓30ページ）、頼朝が東国支配者となったことに伴い、**「東国武士の守護神」「武運の神」**へとグレードアップしました。1187年には、馬上から的に向かって鏑矢を放つ**流鏑馬**（↓97ページ）の奉納が始まりました。小笠原流の流鏑馬は伝統行事として、今日まで伝えられています。

由比ヶ浜と八幡宮のあいだは、**若宮大路**で結ばれました。若宮大路は京都の朱雀大路にならった幅33ｍの大通りで、政子の安産祈願を込めて造られました。建造にあたっては、頼朝みずから陣頭指揮を執り、北条時政・義時父子ら有力御家人たちも汗を流したといいます。

ただ、若宮大路は式典・儀礼・神事用の通りで一般の交通路として使われたものではなく、鎌倉幕府の権威の象徴として機能しました。

◆義経、何様じゃ！

頼朝は新都造営に尽力した匠の職人たちに、ご褒美の馬をあたえることにしました。

このとき、義経に馬を引くよう命じたのですが、義経は〈なんでオレが下っ端仕事をしないといけないんだよ！〉と拒否。

その瞬間、頼朝の顔色が変わりました。〈何様じゃ！ **おまえは御家人のひとりに過ぎぬ！**〉と激しく叱責したのでした。

たとえ弟相手でも「鎌倉殿」の権力は絶対という示威の意から出たのかもしれません。義経にその意を汲む器量があれば、行く末も変わったことでしょう。

❸ 王朝文化の再現と鎮魂

その後、１１８９年から頼朝は、新しい寺の創建に着手しました。鶴岡八幡宮、勝長寿院と合わせて鎌倉三大寺院に挙げられる**永福寺**です。

頼朝が建造に最も強く意気込んだのは、この永福寺かもしれません。正面中央に二階建ての仏堂、左右に阿弥陀堂と薬師堂を配し、それぞれの外側には長い釣殿が庭園と池を囲むように突き出ていました。伽藍の全長は、東を正面に約１３０ｍ。

建築様式は、頼朝が憧れた**宇治の平等院鳳凰堂**、**平泉の中尊寺・大長寿院（二階大堂）**、あるいは無量光院を模しています。

頼朝は鎌倉の地に王朝文化の象徴を再現するため、京都から庭園造りの専門家を呼び寄せ、庭石の配置ひとつにもこだわりました。

永福寺再現 CG　提供：湘南工科大学 長澤・井上研究室

中央の仏堂は**二階堂**と呼ばれ、永福寺の別名にもなっています。ちなみに、「13人」のメンバー**二階堂行政**は、永福寺のすぐそばに居を構えていたことから、二階堂と名乗るようになりました。元は、藤原南家の工藤姓です。

頼朝が永福寺を建てた理由は、王朝文化の再現だけではありません。流人時代の頼朝は、読経の毎日だったとも伝えられます。都の多くの貴族たちと同じく、**浄土信仰**の仏道に深く帰依していました。頼朝のもうひとつの顔です。しかし、頼朝の手は血に染まっていました。山木兼隆にはじまり、平氏一族、同じ源氏の義仲に義経、そして奥州藤原氏……。**何千、何万もの亡き魂を鎮める寺**が必要だったのです。また永福寺は京都の延暦寺と同じく、鎌倉の丑寅（東北）の方角にあり、災いを防ぐ「鬼門」の役も担っていたのかもしれません。

その後、永福寺は室町時代にすべて焼失し、いまは再現された基壇や池だけが往時の面影をしのばせます。

❹「鎌倉殿」暗殺のピンチ!?

順風満帆な「鎌倉殿」頼朝に、1193年5月、暗殺の危機が訪れます。

火種の元は、工藤一族の**伊東祐親**でした。祐親は伊豆国のボスのひとりで、さまざまなカタチで「鎌倉殿」にかかわってきました。

まず彼は、伊豆に流された頼朝の最初の監視人でした。しかし、頼朝と娘がデキて男児が生まれると、怒った祐親はその子を殺し、頼朝にも刃を向けました。このときは、祐親の子・**祐清**が頼朝を北条時政のもとに逃がしました（↓40ページ）。続いて頼朝が旗揚げしてまもない**石橋山の戦い**では、大庭景親について頼朝軍を撃破しました（↓49ページ）。

その後も伊東祐親・祐清父子はずっと平氏方の一員として頼朝と対立し、**富士川の戦い**（↓52ページ）にも参戦しましたが、この戦いのあとに捕らえられます。しかし、祐親の娘婿だった東国の大ボス**三浦義澄**が頼朝に嘆願したことで、無罪放免になったのでした。ところが、これを恥とする祐親は受け入れず、自ら命を絶ちました。

それから13年後。

征夷大将軍となった源頼朝は、一大イベントを開催しました。**「弓馬の道」**に長けた御家人22人を選び、信濃・下野・駿河国で2～3か月にわたり、大規模な狩猟大会を行ったのです。

侍所別当の和田義盛はもちろん、小四郎こと北条義時も名を

◆誇り高き祐清

頼朝にとって、伊東祐親の子・**祐清は恩人**でした。頼朝はハナから処罰する気はなく、温かく迎えるつもりだったのです。

しかし**祐清も誇り高く**、これを潔しとしませんでした。頼朝に背を向け、平氏軍のもとに馳せ参じたのでした。ただし、このとき親子ともども頼朝に討たれたという、頼朝の「非情さ」を示す説もあります。

連ねていました。加えて、**伊東祐親の孫ふたり、曽我十郎祐成（22歳）と五郎時致（20歳）も名を連ねていた**のです。

この曽我兄弟の(1)烏帽子親は、北条時政でした。そして時政は、この大狩猟大会の総合プロデューサーでもありました。

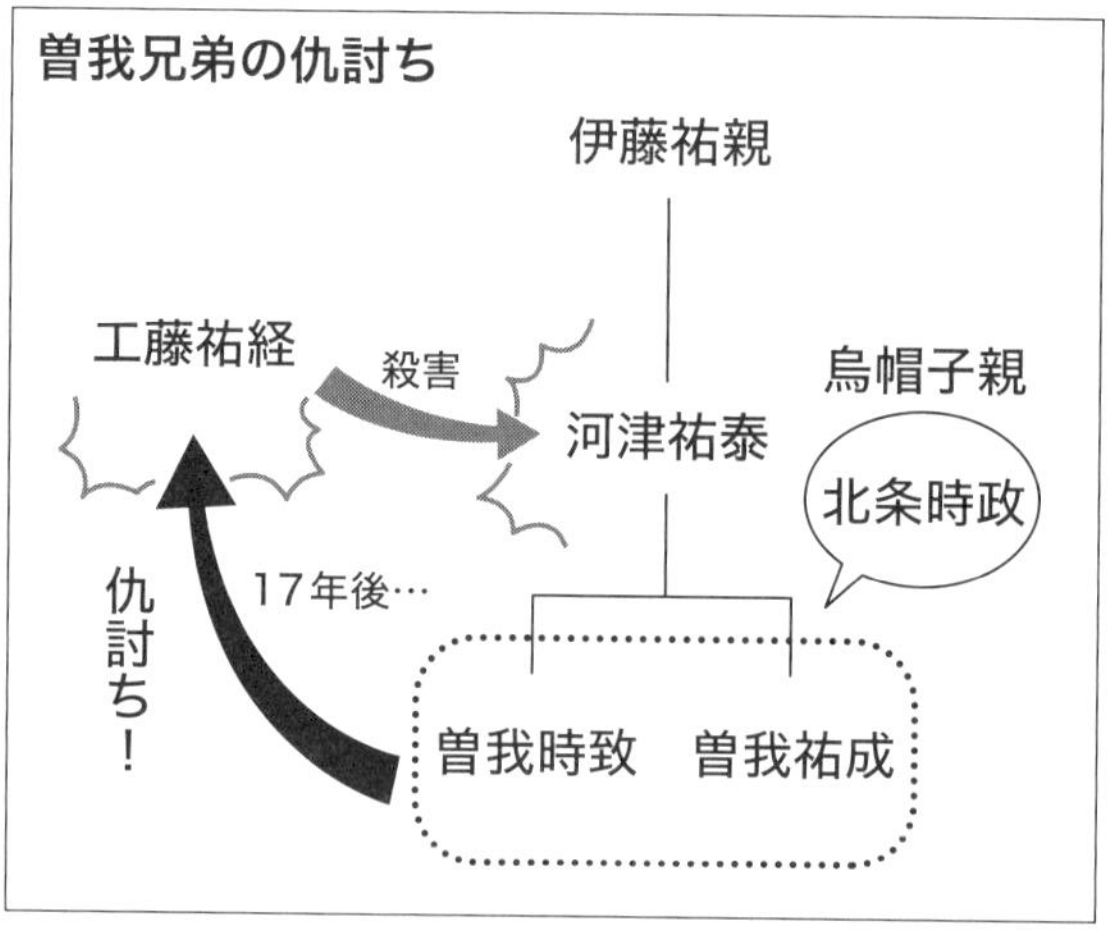

最終日も近い5月、富士の裾野でのこと、**曽我兄弟が突然、伊東の地頭職にあった工藤祐経を斬殺した**のです。巻き込まれた多くの御家人が負傷し、頼朝も刀を構えるほどの大混乱に陥ったのでした。

背景には、何があったのでしょうか？

殺された工藤祐経は、かつて伊東祐親とともに京で平氏に仕えたことがありました。しかし、土地をめぐる争いから、伊東祐親とその子**河津祐泰**と激しく対立。もつれにもつれ、**工藤祐経は河津祐泰を殺害してしまいました。**

なお、親子で名字が異なるのは、コラム（↓60ページ）で説明した通りです。祐泰は、父・伊東祐親から河津

曽我兄弟の仇討ち

伊東祐親
工藤祐経
殺害
河津祐泰
烏帽子親
北条時政
17年後…
仇討ち！
曽我時致　曽我祐成

の所領を継いだことで、河津祐泰と名乗っていたのでした。

河津祐泰にはふたりの子どもがおり、5歳と3歳の幼い兄弟でした。このふたりが曽我兄弟なのです。ふたりの母が曽我氏と再婚したので、彼らは曽我姓を名乗っていました。そう、**曽我兄弟は父の仇である工藤祐経を討った**のでした。

一方の殺された工藤祐経は、都で公家の振るまいを学び、歌舞にも武芸にも優れていました。そのため、雅な京の公家文化を好む頼朝に気に入られ、有力御家人として取り立てられて頼朝のそばにいたのです。

斬殺の直後、兄の祐成はその場で(2)**仁田忠常**に討たれ、弟の時致は捕まって処刑されました。仁田はその挙兵時から頼朝に従っていた、「鎌倉殿」に忠実な御家人のひとりです。

その後、曽我兄弟の仇討ち事件は、遊女らによって美談の「曽我語り」として広まります。

〈幼な子が憎しみを胸に抱えたまま立派な青年に成長、父の仇を討ったのねぇ。泣けるわ～。なんて切ないのでしょう♥〉

鎌倉時代後期には、**『曽我物語』**としてまとめられました。

---

(1) **烏帽子親**
元服（成人式）のときの親代わり。髻を結い、烏帽子をかぶせる。その後は、成人者の**後見人**となる。疑似親子関係で、その絆は強い。

(2) **仁田忠常**
新田忠恒とも。源平合戦では源範頼を支え、数々の武勲を挙げた。頼家・北条家にも忠誠を尽くす。時政の命を受けて**比企能員**を暗殺するが、悲しい最期を迎える。**「富士の人穴」**（↓149ページ）の逸話でも有名。

	（都市「鎌倉」の造営が進む）
1189	9. 頼朝が奥州を平定する
1190	11. 頼朝が初上洛を果たす
1192	3. 後白河法皇が亡くなる
	7. 頼朝が征夷大将軍に任命される
	11. 永福寺の本堂が完成する
1193	5. 曽我兄弟の仇討ち事件が起こる

しかし、この事件は美談だけでは終わりません。

〈曽我兄弟の刃は頼朝にも向けられた。頼朝は間一髪で暗殺を逃れた！〉という説があるのです。曽我兄弟にとっては、頼朝も憎しみの対象でした。祖父・伊東祐親を死に追いやったからです。

また、〈事件の黒幕は北条時政に違いない。時政が刃を向けさせたのだ！〉という北条陰謀(いんぼう)論もあります。

先述した通り、時政は曽我兄弟の烏帽子親であり、弟の曽我時致は時政から「時」の名を戴いているほどでした。それに、時政は総合プロデューサーとして、事件の舞台となった大狩猟大会を仕切っていました。陰謀論が生まれる素地は十分にそろっています。

これを支持する歴史家は少ないものの、このころからさまざまな事件で〝北条黒幕説〟が取り沙汰(ざた)されるようになります。

鎌倉時代のハテナ…その5

Q 鎌倉時代の武士は、どんな生活を送っていたの？

ひとことでいうと〝地味〟。敷地は広いものの、住まいは板葺き（いたぶき）の平屋でした。有力な御家人でも、普段は**質素な半農生活**を送っていました。

ただ、武士の本分は**「弓馬の道」**です。和田義盛が侍所の別当に任命されたように（↓57ページ）、武士は弓と乗馬の腕で評価されました。「いざ、鎌倉！」という将軍の召集に備えて、みな**流鏑馬・笠懸（かさがけ）・犬追物（いぬおうもの）**などで日々の訓練を欠かしませんでした。

流鏑馬は馬上から（3つの）的に向かって矢を射る武芸、笠懸は流鏑馬の簡易版で、同じく馬上から笠を射る武芸です。犬追物も馬場に放たれた犬を馬上から弓で狙う武芸。いずれも、弓と馬の技術が欠かせません。

名誉を重んじ、恥を嫌う。これも武士の本分でした。伊東祐親・祐清親子が頼朝の許しを拒絶したのは恥を嫌ったからであり（↓93ページ）、**曽我兄弟の仇討ち**も父の亡骸（なきがら）の恥をすすぐためでした。武士として守るべきこうした道徳規範は、**「もののふの道」**と呼ばれます。

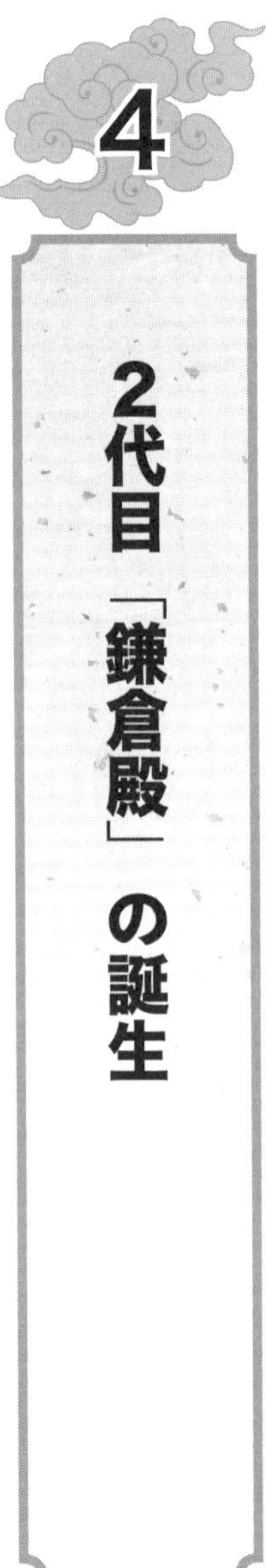

4 2代目「鎌倉殿」の誕生

❶ 栄華の頂点、2度目の上洛

疑惑渦巻く曽我兄弟の仇討ちは思わぬ方向に転びました。平氏追討に貢献した弟・範頼がこのときの言動を疑われて粛清されたのです。義経に続き、弟を失うことで頼朝は足場を固めて栄華をきわめました。そんな折、頼朝は2度目の上洛を行います。

1195年2月、頼朝は大勢の御家人と**政子、長女の大姫、長男の頼家**を引き連れ、京の都に向かいました。上洛の「表向き」の目的は、**東大寺大仏殿の落慶供養の儀**（建物の完成を祝う儀式）に参列することです。

東大寺大仏殿は源平合戦中、平氏によって焼き払われていましたが、東大寺の焼失は身分を問わず、当時の人々にとって**筆舌に尽くしがたい悲しいできごと**だったのです。

東大寺は、奈良時代の聖武天皇の鎮護国家思想、すなわち仏教で国を平定させる考えによって建てられた寺院であり、仏教界の宗派を超えた拠り所でもありました。鎌倉幕府の成立を後押しした**関白・九条兼実も、「父母を失うより悲しい」**と日記に書き残しています。

そのショックは、どれほどのものだったのでしょうか？
記憶に新しいところでは、ノートルダム大聖堂の尖塔焼失（２０１９年・大火災）、あるいはバーミヤン渓谷の大仏破壊（２００１年・内戦）に匹敵する、といっても過言ではないかもしれません。

東大寺大仏殿再建に至るまでの経緯を少し振り返りましょう。

源平合戦中の１１８１年の焼失から間もなく、後白河法皇の命令によって東大寺の再建計画が立てられました。

再建プロジェクト・リーダー（大勧進職）に任命されたのは、浄土宗のベテラン僧侶**重源**(1)です。宋への留学経験がある重源は、仏法だけでなく、中国の土木技術も学んでいました。しかし、最新の技術で厳選された資材を使って再建するには、巨額の資金が必要です。重源は資金集めに奔走しました。

重源上人坐像（東大寺蔵）
画像提供：奈良国立博物館（撮影：佐々木香輔）

(1) **重源**
京都の醍醐寺で密教を学んだあと、**栄西**（えいさい）とともに宋に渡る。帰国後、**浄土宗**の布教に努めた。偉大な僧だが、鎌倉新仏教（→１０８ページ）の開祖ではないため、歴史教科書の扱いは控えめ。

これに協力したのが、「鎌倉殿」でした。頼朝は武士の棟梁として、**出すべきときには惜しまない**ということを、しかと心得ていたのです。また、九条兼実も支援の手を差し伸べました。

そして1185年に大仏の開眼、1195年に大仏殿の完成へとこぎつけたのです。

「鎌倉殿」の御家人たちも、〝よい仕事〟をしました。大仏の脇を固める重要な仏像のうち、重臣の**中原親能・畠山重忠・梶原景時**が3体の製造を負担したのです。

また、**和田義盛**と梶原景時は、供養の会の要人警護を担当しました。東大寺に向かう頼朝の行列も統制がよく取れ、先陣は和田義盛が務め、後陣は**三浦義澄**が務めました。当時33歳の江間小四郎こと**北条義時**も供奉していました。

こうして「鎌倉殿」と御家人たちは、朝廷にとって欠かせぬ存在になりました。**最大のスポンサーとなり、最強の用心棒軍団となった**のです。

◆東大寺大仏殿のその後

艱難辛苦の末、東国武士団の尽力によって完成した大仏殿ですが、その後、再び焼失します。

戦国時代の1567年、悪名高い**松永久秀が東大寺で戦を行った影響で焼失した**のでした。織田信長は大仏焼失を久秀の悪行として公言しましたが、信長も、その跡を継いだ豊臣秀吉も、東大寺の大仏殿を再建することまでは手が回りませんでした。

再々建に至ったのは、江戸時代の半ば、17世紀末のことでした。現在の**「奈良の大仏さん」は、この江戸期に完成したもの**です。ただ、規模では、鎌倉期の大仏にかないません。

落慶供養の儀に参列した頼朝は、さぞかしご満悦だったことでしょう。頼朝は平氏が焼き払った東大寺大仏殿を再建させたことで、自身が**「王法」と「仏法」**[1]**を支える唯一無二の存在である**ことを都じゅうに知らしめることができたのですから。

ただ、東大寺大仏殿の落慶供養参列は、上洛の目的のひとつにすぎませんでした。

❷ 大姫入内（じゅだい）プロジェクトと誤算

上洛の目的には、次期「鎌倉殿」のお披露目（ひろめ）もありました。

頼朝は、まだ14歳だった長男・**頼家を後鳥羽天皇に引き合わせた**のです。「鎌倉殿」２代目が頼家になることは、鎌倉の御家人はみな知るところでしたが、これによって、朝廷内でも周知の事実となったのでした。

最後に、もうひとつ。これがいちばんの目的でした。

かつて藤原一族や平清盛が成し遂げたことを、頼朝も目論んでいたのです。それは**天皇の外戚（がいせき）の地位を得ること**、すなわち娘を天皇に嫁がせ、

---

(1) 王法と仏法

「王法」とは王家（天皇・院）**の世俗的な政治権力**のこと。「仏法」とは、**仏教の聖なる思想・倫理体系**のこと。この両者が重なることで、僧侶・公家・武士・民衆を問わず、あらゆる層の支持を取りつけられる。

東大寺大仏殿を再建させたことにより、**頼朝は「王法」と「仏法」を支える存在**として認められたのだった。

生まれた子を天皇の地位につけようとしたのでした。頼朝は長女の**大姫を後鳥羽天皇の后にしようと考えていた**のです。

ただし、この**大姫入内プロジェクトを立案したのは北条政子と時政（ときまさ）だった**という説もあります。この親子は常々、北条家の家格を上げることに執心していました。大姫が天皇の子を産むと、北条家は安泰です。

では、頼朝の真意はどこにあったのでしょう？

〈生まれた子を鎌倉に連れ帰り、東国で新しい王権を築きたかったのかも？〉

〈清盛を超える存在になりたかったんだ。朝廷を完全に掌握するためだよ！〉

〈朝廷に仕えるのが武士の務め。朝廷とこじれないよう、親戚関係を築きたかっただけじゃない？〉

……など、諸説あります。

真意はともかく、頼朝がまず接近したのは、(1)**丹後局（たんごのつぼね）**でした。丹後局はかつて後白河法皇の寵愛（ちょうあい）を受けた経緯から、後鳥羽天皇の事実上の後見人になっていました。

しかし、丹後局の背後には、**九条兼実のライバル・源通親**がいました。通親は源の姓がついていますが、頼朝と近しい関係だったわけではありません。平清盛の庇護を受け、清盛亡きあとは、法皇に巧みに取り入っていたのです。手練れの策士といってよいでしょう。

通親は頼朝の狙いを見すかしていました。頼朝からの大量の贈り物を受け取りながら、大姫と後鳥羽天皇の縁談話をいっこうに進めなかったのです。

頼朝は鎌倉に戻ってからも、天皇との縁談話に執着しました。

しかし通親は、頼朝と親密な九条兼実を失脚させ、兼実の弟・慈円も天台座主から解任しました。さらに**自分の娘を後鳥羽天皇に嫁がせた**のです。娘と天皇とのあいだに産まれた子は、のちに(2)**土御門天皇**となり、通親は外戚として「王法」をわがものにしました。

朝廷の裏工作では、通親のほうが一枚も二枚も上手だったのです。

頼朝は信頼関係を築いていた九条兼実を失い、天皇の外戚の地位も横取りされてしまいました。心のうちで舌打ちしたことでしょう。と同時に、**公家のしたたかさと朝廷を懐柔することの困難さをひしひしと痛感**

---

(1) **丹後局**
延暦寺の高僧の娘。本名は高階栄子。側近として法皇を支えた夫（平業房）の死後、法皇から寵愛を受けた。法皇が心の底から愛した女性は、高倉天皇を生んだ**建春門院（平滋子）と丹後局だけだった**ともいわれる。

(2) **土御門天皇**
在位は１１９８～１２１０年。父・後鳥羽上皇による**承久の乱**では無罪放免となったが、自ら土佐に流れ下った。

させられたのでした。
上洛から2年後の1197年、悲運の大姫は若くして亡くなりました。

❸ 初代「鎌倉殿」のナゾの死

さらに、その2年後の年初、**今度は「鎌倉殿」頼朝が帰らぬ人となった**のです。『吾妻鏡』によると、死因は落馬。ほんとうなのでしょうか？

この前後の記録がすっぽりヌケ落ちていて、真相は明らかになっていません。これまで暗殺説・溺死説・糖尿病死説・性交死説など、さまざまな説が机上で戦わされてきましたが、いずれもエビデンスに乏しく、憶測の域を出ません。

ただ、いまも暗殺説がまことしやかに囁かれるのは、先述した頼朝の姿勢にありました。

〈オレたち東国武士の棟梁が朝廷に媚びをうってい

◆許婚を父に殺された悲劇の娘

幼いころ、大姫には将来を誓い合った男子がいました。**木曽義仲の長男・義高**です。しかし、頼朝が義仲を追討（↓66ページ）。義高も人質として捕らえられました。

父の非情さを知る大姫は、密かに義高を逃がします。これを父・頼朝は見逃すことなく、義高を討ち取らせました。このとき、義高は11歳、大姫は5歳。**悲しみに暮れた大姫は父を怨み、心を病んでいきました。**それを知りながらも、父・頼朝は大姫を天皇に嫁がせようとしたのでした。

る。東国を見捨てるのか！〉

〈リーダーが娘を天皇に嫁がせようとしている。これじゃ、あの清盛と同じじゃないか⁉〉

頼朝をずっと支え続け、鎌倉幕府という武家政権を打ち立てた**東国ボスたちのあいだに、「鎌倉殿」への不満が広がっていた**という見方です。

1195	2. 頼朝が２度目の上洛を果たす
	東大寺大仏殿落慶供養の儀
1196	7. 九条兼実が失脚する
1197	一幡（頼家の子）が生まれる
	7. 大姫が亡くなる
1198	1. 後鳥羽上皇が院政を始める
1199	1. 頼朝が亡くなる

さらにもっと穿（うが）った見方もあります。

〈頼朝が消えれば、わしらの天下になるのぅ……〉

この「わしら」がだれを指すのか。上昇志向が強く、家格を上げることに執心していた**大姫入内プロジェクト**の立案者（↓102ページ）の顔がうかぶかもしれません。事実、世はそう運んでいくのです。しかし、立案者の損得を冷静に考えると、これには疑問の声も上がるでしょう。

いずれにせよ、相模（さがみ）川の橋の落成記念式典に出席した帰路、体調をくずして落馬し、十数日後に亡くなったのは疑いありません。頼朝、享年（きょうねん）53歳でした。

❹ 2代目「鎌倉殿」の誕生！

頼朝の死は、朝廷にも衝撃をあたえました。

『新古今和歌集』の編者で、当代一の歌人・**藤原定家**も〈いったいどうしたことだ!? この先、とんでもない世になるぞ！〉と日記に書き残しています。

しかし、政治に空白をあけることはできません。

頼朝の死から20日もたたぬうち、**2代目「鎌倉殿」こと源頼家の仕事始めの儀式**（政所吉書始め）が催されました。

参列者は、**北条時政・大江広元・三浦義澄**・源光行・**三善康信・八田知家・和田義盛・比企能員**・二階堂行光・平盛時・中原仲業・三善宣衡の13人。

これは、歴史書『吾妻鏡』の記載順で、**ポスト頼朝時代の序列に近い**といえるでしょう。

このとき、頼家は18歳。弓馬の芸こそ秀でていたものの、幕府の偉大な創業者を継ぐには、あまりに若く、政治力は未知数

◆頼朝の英才教育

武士に弓馬の芸は欠かせません。「創業社長」頼朝は、2代目候補・頼家の教育にも心血を注いでいました。

頼朝が頼家の家庭教師（師範）に選んだのは、下河辺行平でした。ムカデ退治の伝説で知られる**「弓取り名人」藤原秀郷**の末裔。下河辺は、源平合戦・奥州征伐でも戦功を挙げています。

この下河辺から英才教育を受けた頼家は、**父をしのぐ弓と乗馬の術**を習得していきました。

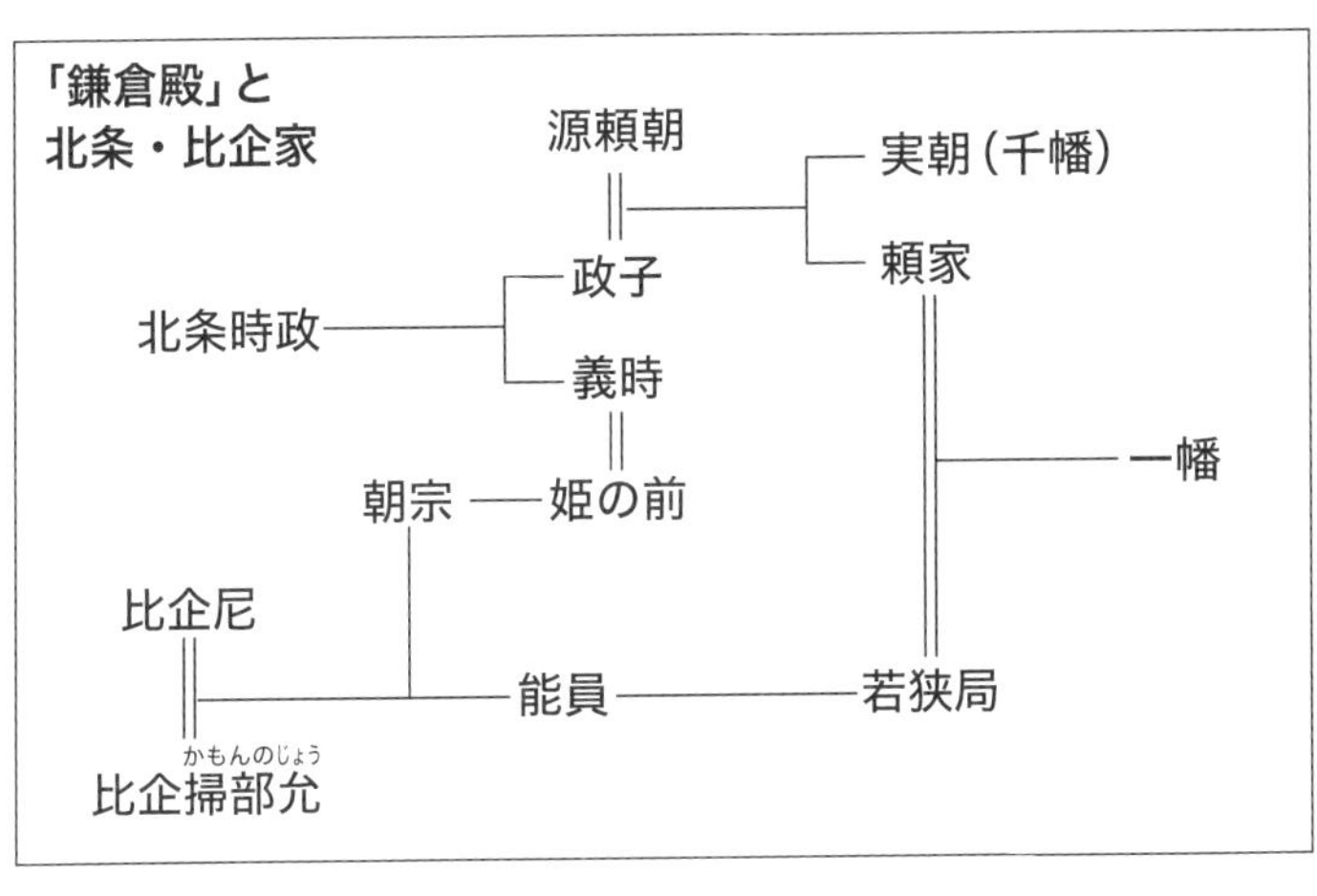

でした。

次章で紹介しますが、『吾妻鏡』は、〝無能のバカ息子〟といった扱いで、頼家をさんざんに扱き下ろしています。

さらに、影の2代目候補がいたことが、ポスト頼朝時代の行く末をめんどうなものにしました。頼家の弟の**千幡こと、源実朝の存在**です。

実朝はまだ3歳でしたが、北条家で育てられ、北条氏が後見人を務めていました。いっぽう、頼家の後見人は、頼朝と同じく比企氏でした。

産みの親は同じ北条政子なのに、**頼家・実朝兄弟ふたりの手足は、それぞれの後見人に縛られていた**のでした。両者に睨みを利かし、争いのくびきとなり、一同を束ねていた初代「鎌倉殿」はいません。

ポスト頼朝の時代は、**「頼家＝比企氏」VS「実朝＝北条氏」の構図**で幕を開けます。

鎌倉時代のハテナ… その6

Q 鎌倉時代に新しく開かれた仏教は、みんなから信仰されたの？

平安時代の終わりから鎌倉時代の始めにかけて、新しい仏教がつぎつぎ起こりました。法然の**浄土宗**、栄西の**臨済宗**、親鸞の**浄土真宗**、道元の**曹洞宗**、日蓮の**法華宗**、一遍の**時宗**です。開祖のほとんどは**比叡山延暦寺**で学びながらも、旧仏教（天台宗）の教えに疑問をもち、山を下ったのでした。

ひと昔前の教科書は「鎌倉新仏教」として紹介していましたが、この**新しい宗派が一挙に信者を獲得したわけではありません**。まだ天台延暦寺の力が強く、トップである座主は政治にも強い影響力をもっていました。

貴族の間では**浄土信仰**が流行していました。平等院鳳凰堂も中尊寺金色堂も、頼朝が建てた**永福寺**（↓91ページ）のお堂も、極楽浄土に導く阿弥陀仏を本尊としていました。

浄土宗を開いた法然は、当初は朝廷に重んじられましたが、旧仏教を保護する**後鳥羽上皇**によって土佐に流されました。弟子の親鸞も越後に配流。時代は下りますが、日蓮も幕府を攻撃したため、佐渡に流されます。

これに対し、**幕府の保護を受けたのが栄西**です。頼朝の死後、政子が創建した寿福寺に招かれ、禅宗の一派・臨済宗を広めました。栄西は東大寺再建（↓99ページ）でも重源のあとを継ぎ、朝廷にも貢献しています。

第3章

2代目「鎌倉殿」と合議制の13人

1 2代目「鎌倉殿」と合議制の成立

❶ 頼家(よりいえ)への激しいバッシング

2代目「鎌倉殿」こと源頼家は、一般的に〝無能〟のレッテルが貼られています。

源家の家督を継いだ頼家は、まだ18歳でした。しかし、創業者との比較ゆえでしょうか、のちの北条政権を正当化するためでしょうか、『吾妻鏡(あずまかがみ)』は頼家に容赦(ようしゃ)ありません。最も有名なエピソードが、(1)**境相論(さかいそうろん)への頼家の対応**です。

特に東国は無法地帯化していたこともあって、この争いは激しく、解決に数十年がかかる事案も少なくありませんで

源頼家肖像（修禅寺蔵）
画像提供：伊豆市観光協会修善寺支部

した。

先代の頼朝は両者の言い分を聞いたうえで、落としどころを見つけ、御家人の信頼を勝ち得てきました。御家人に多少の不満があったとしても、「鎌倉殿」が決定したことに異議は唱えられません。

では、頼家は土地争いにどう対処したのでしょうか？

あるとき、問注所執事の**三善康信**が親裁（君主の裁決）を仰ぎにきた事案に、頼家は地図の中央に墨でささっと線を引き、〈これにて一件落着！〉とばかりに裁決したというのです。

さらに、気まぐれで人事権を行使し、これまで幕府を支えてきた御家人の守護職を解任した。有力御家人の広大な所領を取りあげ、所領をもっていない者に配分しようとした。蹴鞠（↓113ページ）や鷹狩に夢中になって、政務をないがしろにした……。

すべて『吾妻鏡』の記述です。

こうした**頼家の悪政に、放っておけないと立ち上がったのが、先代を支えてきた高齢の役員たち**でした。

(1) **境相論**
領地の境界をめぐって、互いに論じ合う（相論する）こと。こうした諸問題を解決する裁判の基準として、1232年に「**御成敗式目**（**貞永式目**）」が制定される。

〈このまま2代目に経営を任せたままだと、会社は倒産してしまうぞ！〉
〈すでに多くの社員の心は離れつつある。かといって、社長をクビにするわけにはいかないし。困ったのぅ……〉

そこで、**13人の古参役員たちによる合議制がスタートした**のでした。古参役員とは、初代「鎌倉殿」を支えた東国ボスたちと実務経験豊かな官人たちのことです。

❷ 2代目「鎌倉殿」悪政のホント？

合議制の提唱者は、北条時政・政子父娘といわれます。

『吾妻鏡』には、頼家をめぐる次のようなエピソードも残されています。

〈有力御家人の安達景盛（盛長の子）には、美人の愛妾がいた。景盛の不在時、頼家はこの女性を連れ去った。そして近くの邸宅に囲いこみ、入りびたった。さらに「景盛が頼家を恨んでいる」という噂を耳にすると、景盛を抹殺しようとした。あきれ

◆それが、どうした？

頼朝存命中、富士の麓の大狩猟大会（→93ページ）のときのこと。

巻狩りで若き頼家が一匹の鹿を射止めると、父・頼朝は「見事じゃ！」とご満悦でした。すぐ使者が政子のもとに走り伝えると、**「その程度のことで喜ぶな！」**と一蹴。頼家に対する政子の〝情の薄さ〟の現れであるとも、人の上に立つ者の心がまえを戒めたとも解釈されています。

た政子が、頼家を激しく叱責(しっせき)した。〉

いくら我が子とはいえ、見過ごすわけにはいかない。政子も危機感を抱いたというわけです。

しかし最近の研究では、〝頼家暗君論〟に異を唱える説が数多く出ています。女性の一件はともかく、境相論や守護職などの件はどうだったのでしょうか？

実際の頼家は、境相論が起こった現地に部下を派遣していました。**土地の権利について、しっかり調査をさせた上で裁決した**のです。

守護職の件についても、解任された御家人にはそれに値する罪科があったという指摘があります。所領の再配分も、御家人のあいだで広がっていた〝格差是正〟対策という見方もできるでしょう。

また、**蹴鞠**(1)**も単なる遊びではなく、当時は皇族や公家に欠かせない大事なたしなみ**でした。その足芸を身につけなければ、貴人として評価されなかったのです。

ただ、頼家にはまだ先代のようなカリスマ性がありません。不満を抱く御家人を押さえつけるだけの「圧」も、若いゆえに弱かったのです。

---

(1) **蹴鞠**

古代～近世の屋外遊戯。単なる遊びや競技ではなく、貴族に欠かせぬ**教養ある趣味**(リベラルアーツ)でもあった。6～8人の競技者（鞠足(まりあし)）が、いわゆる〝リフティング〟の回数を競い合う。

大化の改新（645年）を進めた**中大兄皇子**(なかのおおえのおうじ)と**中臣鎌足**(なかとみのかまたり)（藤原氏の祖）が、蹴鞠を通して仲良くなった逸話は有名。その後、平安時代後期から鎌倉時代にかけて最盛期を迎え、頼家はじめ東国武士も夢中になった。

こうしたことから、次のような声が囁かれるのも当然でしょう。

〈頼家を暗君にするため、『吾妻鏡』の編者が話をねじ曲げたんじゃないの?〉

真偽はともかく、繰り返しになりますが、『吾妻鏡』は北条氏の視点による史書です。１０７ページで触れたように、頼家と比企氏は北条氏にとって、排除すべき勢力でした。

❸ 合議制の３つの誤解

鎌倉幕府「創業者」頼朝の死からわずか３か月後。

１１９９年４月、13人の宿老による合議制がスタートします。

最大の職務は、２代目「鎌倉殿」頼家への訴訟取次でした。つまり、**頼家が独断で訴訟を裁決しないようにすること**が、宿老たちの最大の職務だったのです。また、頼家の命令を、問題を起こさず執行するというだけの職務もありました。したがって、13人のメンバーすべてが政治判断を行い、政務を担ったというわけではありません。

合議制への誤解は、もうひとつあります。

「合議」という名称から、全員が一堂に会して議論したと思われがちです。しかし、『吾妻鏡』をはじめとする諸文献に、そのような記述はありません。**13人がそれぞれの立場・役割に応じて複**

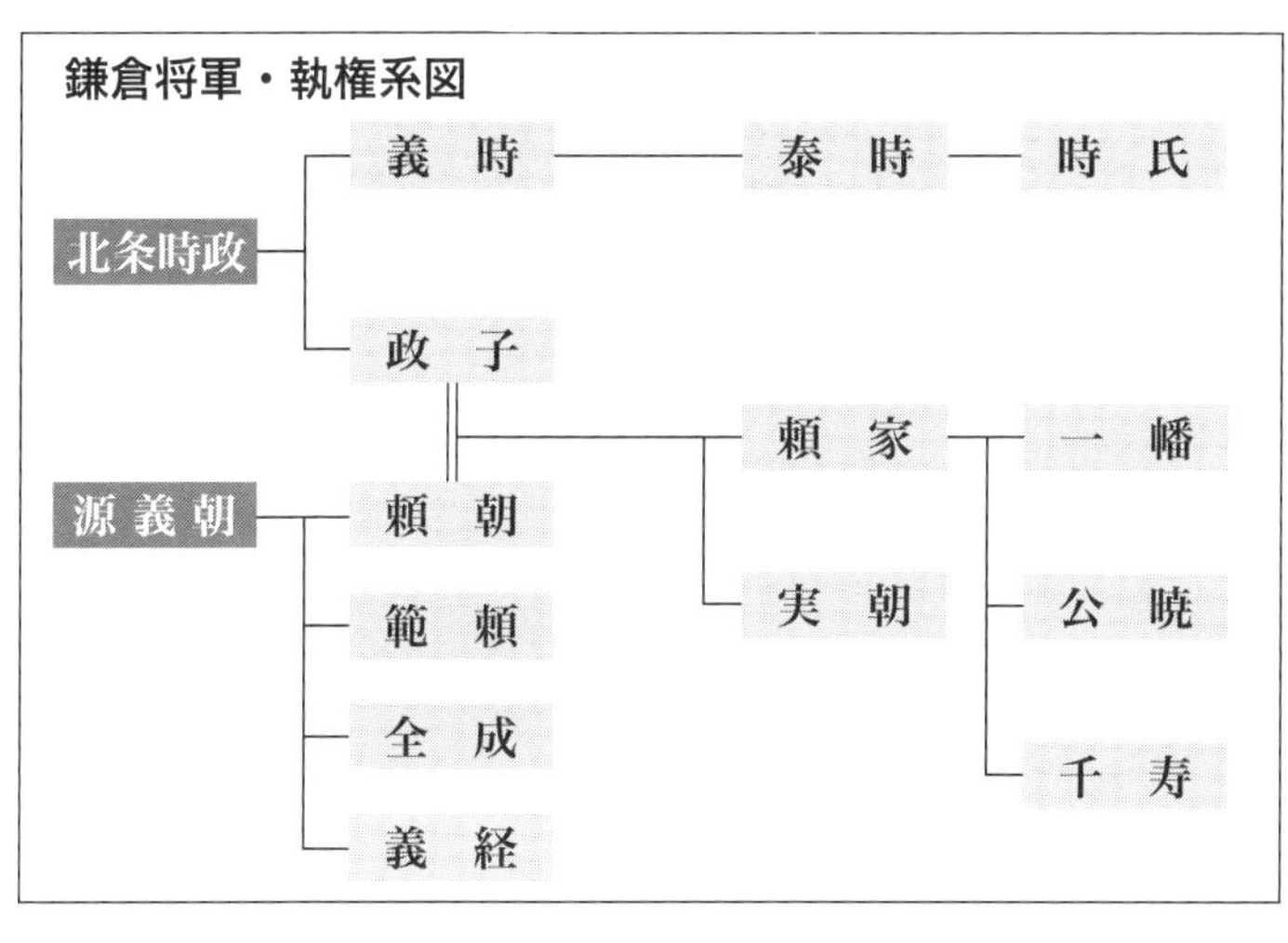

数人で会談し、その結果を頼家に取り次ぐというのが実態でした。

会社にたとえると、ある取引の契約の際、営業担当役員が法務担当役員とだけ打ち合わせ（合議）をし、社長（将軍）に決裁をもらうようなものだったのです。

さらにもうひとつ加えると、13人全員が存命していたのは、合議制スタートから9か月ほどに過ぎません。

あとで詳しく説明しますが、合議制スタートからまもなく、役員たち（宿老）のあいだに亀裂が生じてしまいます。

翌1200年1月、役員みんなから総スカンを食らった**梶原景時**（かげとき）が追討され（→142ページ）、13人合議制は早くも一角を失ったのです。また、追討されなくとも、寿命間近の超高齢役員も少なからずいました。

2 宿老13人のプロフィール

それでは、13人の顔ぶれを見ていきましょう。

生年未詳も多いですが、推定年齢順に並べると、おおよそ次の通り。

1130年代以前の生まれは、**三浦義澄**（27年）、**足立遠元**（30年代前半?）、**安達盛長**（35年）、**北条時政**（38年）、**二階堂行政**（30年代後半?）。

1140年代生まれは、**三善康信**（40年）、**梶原景時**（40年代?）、**比企能員**（40年代?）、**八田知家**（42年?）、**中原親能**（43年）、**和田義盛**（47年）、**大江広元**（48年）。

ここまで本書で何度か登場した、おなじみの東国ボスたちが多いですね。

最年長の三浦義澄は73歳で、若い大江広元でも50歳を過ぎています。年老いて、経験を積み、物事に詳しい人のことを、「宿徳老成」といいます。略して**宿老**。13人は、まさに宿老の名にふさわしい高齢の役員たちでした。

18歳の頼家から見ると、「おじいちゃん」ばっかり。一歩間違うと、老人会。

いや、ひとりだけ若手が紛れ込んでいました。

1163年生まれの江間小四郎こと**北条義時**です。義時は、〝専務取締役〟北条時政の息子。このとき37歳でした。この人事は実力というより、時政がゴリ押したのでしょう。

さらにもうひとり。13人には含まれませんが、時政の娘・**「御台所」政子**も〝相談役〟のように振るまい、強い発言力をもっていました。義時を合議制メンバーにねじ込んだのは、政子だったのかもしれません。1157年生まれの政子は、このとき43歳でした。

なお、北条一族が複数人顔を出しているのに、**源氏の名はありません**。

この13人は、経歴・役割から大きくふたつのグループに分けられます。「先代」頼朝時代からの**御家人の9人**と、京都から下ってきた**官人の4人**です。

さらに御家人は所領をもつ国ごとに、**伊豆**の北条、**相模**の三浦・和田・梶原・安達、**武蔵**の比企・足立、**常陸**の八田に分けられます。

官人は、**政所別当**の大江（中原）広元、**問注所執事**の三善康信、そして大江の兄・中原親能と藤原南家出身の二階堂行政です。大江広元は、まだ中原姓を名乗っていました。

では、いよいよ一人ひとりのプロフィールを紹介していきましょう。

初代「鎌倉殿」を支え、武士の世の礎を築く

北条時政

〈読み〉
ほうじょう　ときまさ
生年　1138年
没年　1215年
出身　伊豆国

北条家の行く末を、ひとりの流人(るにん)に賭(か)けた――。

このことが東国武士の未来を、ひいては武士の世界の未来を開くことになったのです。**鎌倉幕府はもとより、武士の世の礎(いしずえ)を築いた最大の功労者のひとり**であることは間違いありません。

関係者の証言

「流人時代」の恩人であることは確かだ。娘の政子も頂戴したし。ただ、頼家をどうしてくれたのかな!?

武士に二言(にごん)はない。おれはそんな生き方を貫いてきた。しかし、あんたにだけは三言も四言もあるぞ。

政争をどう生きぬくか、勝ちぬくか。オヤジの背中に学んだよ。でも、晩年は無様だったな。

伊豆国の中小武士ながら、都の貴族と交流した経験が大きかったのでしょう。他の東国ボスでは太刀（たち）打ちできない教養を身につけ、幕府の公式文書を作成するだけの実務能力も備えていました。源平合戦の序盤、富士（ふじ）川の戦いの前には、甲斐（かい）国の武田氏の協力を取りつけ、頼朝軍に勝利をもたらしました。しかも、血を一滴（いってき）も流さない不戦勝。ただ、これ以降の奥州征伐（おうしゅうせいばつ）も含めた合戦では、目立った活躍はしていません。

「体育」より「国語」「書道」の点数が高く、**戦場というグラウンドよりホームルームや学級会で輝くタイプ**といえます。ただ、その力を過信しすぎたのが、徒（あだ）になったのかもしれません。年齢を重ねるごとに、マイナスポイントを増やしていきました。曽我（そが）兄弟仇討ちを画策（?）し、功労者の比企（ひき）一族を滅亡させ、頼家暗殺を指示（?）したあと、無実の畠山重忠（しげただ）を追討し、最後は牧（まき）の方（かた）の色香に惑わされての失態。

このように、時政の通知表は学年を重ねるごとに、「よくできました」が減り、最後は「がんばろう」のひと言さえ消えたのでした。保護者欄には〈狡猾（こうかつ）で権力欲が強く、愛欲に溺（おぼ）れた末の〝卒業〟ですね〉という辛辣（しんらつ）なコメントが書かれそうです。

ただ、1185年の通知表は、二重の花マルでした。頼朝の名代として上洛。**朝廷に守護・地頭の設置を認めさせ、「1185（イイハコ）つくろう鎌倉幕府」の暗記法を提供してくれた**からです。加えて、**政子と義時を育てた親である**ことを忘れてはなりません。

史上最強の姉をもち、全ライバルを蹴落す

北条義時

〈読み〉ほうじょう　よしとき
生年　1163年
没年　1224年
出身　伊豆国

教室ではあまり目立たなかった。**「何もしない人」**だった。でも、振り返ると、学級委員長からはいつも頼られていたし、みんなからも一目置かれていた。気がつくと、生徒会の会長になっていた――。

そんな義時は高学年になるまで、すなわち1205年に

関係者の証言

信頼できるやつだった。いつも控え目だったが熱い闘志を秘めていたから、前途洋々と確信していたよ。

我が子は、大姫も頼家も実朝も悲しい死を遂げたけど、弟がいて助かったわ。まあ、それ以上に助けたけど。

不敬かつ不快である。わが無念を晴らす者がいつか必ず現れ、北条の家を滅ぼしてくれようぞ。

父・時政を追放して幕府の執権になるまで、江間小四郎（四郎）と名乗っていました。

小四郎は学級委員長こと**初代「鎌倉殿」頼朝からの信頼が厚く、頼朝の寝所の警固役にも選ばれた**ほどでした。頼朝が亡くなると、13人合議制のメンバーにも選出。そこからは大江広元のサポートを受けながら、姉・北条政子と二人三脚で、激動の〝仁義なき戦い・鎌倉死闘編〟（↓152ページ）を乗り切っていきました。

義時は策略に溺れた父・時政と違い、年齢を重ねるごとにプラスポイントを増やしてきました。梶原景時や比企能員らが消えたあと、最大のライバル和田義盛も、巧みな挑発行為によって滅ぼし、**鎌倉死闘編の〝勝ち組〟になった**のです。

クライマックスは、1221年の承久の乱でしょう。義時は上皇軍を破り、鎌倉幕府の支配地域を西国まで拡大しました。〝国立京都学校〟の通知表は最低評価ですが、当然、〝私立鎌倉学校〟の通知表は最高評価です。

ただし先生によっては、乱後の処理の仕方に最高点をあたえるかもしれません。乱に勝った義時は、朝廷から奪った土地を御家人に恩賞として配分しました。しかし、西国に地頭として移住した御家人と現地の領主のあいだで、取り分などをめぐる争いが頻発したのです。そこで**義時はそれぞれの分配比率を定め、大田文という土地台帳をつくって、いざこざを解消させた**のでした。乱の後始末もきっちりこなす、いぶし銀の高得点です。

「一の郎党」ながら、讒言で身を滅ぼす

梶原景時

〈読み〉
かじわら　かげとき
生年　1140年代?
没年　1200年
出身　相模国

「13人」メンバーのなかで、**最も悪名高いのが梶原景時**でしょう。事実を曲げて人を陥れる。ありもしないことをチクり、失脚させる。これを讒言といいます。いつの世にも、どの社会にも存在しますが、梶原の場合は相手が悪すぎました。**「悲劇の英雄」源義経を讒言で陥れ、死に追いやった**

関係者の証言

わたしが歴史に名を残せたのは、おまえのおかげだ。あの最大の窮地を救ってくれた恩は忘れないぞ！

おれが歴史から消えたのは、おまえのせいだ！　いちいち戦法に口を出し、さらには讒言でおれを陥れやがった。

仕事ができた分、敵も多い印象でした。わたしのように裏方に回ればもう少し長生きできたでしょうに。

からです。

源平合戦で義経が平氏を追い込んでいったとき、口を挟(はさ)んだ景時は鼻であしらわれました。これを恨んだ景時が、頼朝にあるやなしやの告げ口をしたため、というのが通説になっています。

そんなヒールの梶原ですが、**当初は義経に劣らぬヒーロー**でした。石橋山(いしばしやま)の戦いでは頼朝の窮地を救い（↓49ページ）、一ノ谷(いちのたに)の戦いでは危機に瀕(ひん)した二人の息子を助けて「梶原の二度駆け」と賞賛されました。頼朝の心中を察するのも早く、その意を汲(く)んで、１１８３年には、威丈高(いたけだか)な東国ボス上総広常(かずさひろつね)を双六(すごろく)の最中にあっさり殺害しました。

武勇に優れているだけでなく、和歌をたしなむ教養も備えていました。**文武両道に長(た)け、汚れ仕事も厭(いと)わなかったため、梶原は頼朝の「一の郎党」（筆頭の御家人）となった**のです。しかし、クラスのみんなからは不評。いや66人もの仲間から嫌われたのです。その顛末(てんまつ)は、１４３ページの通り。単に頼朝のえこひいきだったのでしょうか？

いや、梶原はあえて〝憎まれ役〟を買って出た、頼朝はそう見ていたのかもしれません。組織にはこういう人間も必要です。さらに頼朝が評価したのが、梶原の〝日報〟でした。義仲を討った宇治(うじ)川の戦い（↓66ページ）で、他の者が勝利の結果しか記さなかったなか、**梶原だけが討ち取った敵の名や様子などを詳細に記していた**のです。サラリーマン的如才(じょさい)なさと実務能力においては、だれも梶原にかないません。

父の代より源氏に仕え、子は北条氏を支える

三浦義澄

〈読み〉みうら　よしずみ
生年　1127年
没年　1200年
出身　相模国

相模国の大ボス。以仁王（もちひとおう）が1180年、平氏追討の令旨（りょうじ）を出したとき、大番役として京都にいました。頼朝の挙兵を知り、石橋山の戦いに駆けつけようとしましたが、豪雨による河川の増水で間に合わず。それどころか、平氏が送った畠山重忠（しげただ）の軍によって、父・義明が討たれたのでし

関係者の証言

平氏打倒を掲げて挙兵したものの、正直不安だった。義澄の帰服が、どれだけ心強かったことか！

義明の親父を討ったおれは三浦一族から恨まれた。だが、あんたは過去を水に流してくれ、感謝してる。

おれは「犬食い野郎」扱いもされたが、決して幕府を裏切ることはなかった。オヤジは信じてくれるだろ。

た。その後ようやく、頼朝軍に合流。

合流後の源平合戦では範頼を助け、奥州征伐でも戦功を挙げました。**頼朝にとってはオヤジ的存在で、「武」の部門ではいちばん頼りになるボスだった**ことでしょう。義澄の合流は、ほんとうに嬉しかったようです。13人合議制のメンバーに選ばれたのは、豪放ながらも、面倒見がよかったからなのかもしれません。「体育」の通知表は高評価で、頼朝からは「道徳」も高い点数をもらえそうです。

三浦一族は桓武平氏の出でした。しかし、１０５１年に起こった前九年合戦（前九年の役）で源頼義に従って以来、源氏に忠誠を尽くすようになりました。父・義明も子・義村も、源氏の通字（→60ページ）「義」をいただいています。**義澄は13人合議制がスタートして間もなく亡くなりましたが**、子の三浦義村が跡を継ぎました。

一方、跡を継いだ義村の「道徳」の点数は、人によって評価が分かれそうです。みずから撒いた種とはいえ、梶原景時は義村を恨んでいることでしょう。66人の署名を集めて、弾劾した張本人ですから。また、公暁による実朝暗殺の黒幕説、和田合戦での裏切り行為などから、義村の「道徳」欄は、グレーの文字に塗れています。しかし、北条氏からは最高点をもらえるでしょう。**承久の乱のときも、義村は2代執権・義時を裏切ることなく、鎌倉幕府の存続に力を尽くしました。**北条氏の信頼も厚く、３代執権・泰時が評定衆を設置したときには、そのメンバーにも選ばれました。

血気盛んな坂東武士、弓馬の腕は群を抜く

和田義盛

〈読み〉
わだ　よしもり
生年　1147年
没年　1213年
出身　相模国

東国ボスの成りや気質を説明するとき、だれかひとり挙げるとすれば、和田義盛でしょう。**最も坂東武士らしい武士**といわれます。三浦義明の孫ですが、和田の地を所領にしていたため、和田姓を名乗っていました。

頼朝からは、下河辺行平と並ぶ**弓取り名人**として高く評

関係者の証言

おまえが「侍所別当になりたい」と言ったから任命したのに、なんで合戦の途中で帰ろうとするかなぁ〜。

愛する義仲を助けたわたしの武勇伝を聞いたのかしら。「巴におれの子を産ませたい」と言ったらしいわね。

幕府の功労者であることは認めるが、同時に煙たい存在だったんだ。まんまとおれの挑発に乗ってくれたよ。

価されていました。１１８０年、鎌倉に侍所を設置したとき、その別当（長官）に選ばれたのが和田義盛でした。同じ三浦ファミリーで、義盛より20歳も年上の三浦義澄や安達盛長らの重鎮をさしおいての抜擢でした。というより、義盛はかねてから侍所別当の職を所望していて、みずから手を挙げたのでした。頼朝はこうした義盛の〝前傾姿勢〟も評価したのでしょう。

「体育」の点数は、三浦義澄を上回る高評価をあたえられます。ただ、〝長距離走〟は苦手でした。源平合戦で範頼軍の指揮官として西へ西へとすすんだとき、長期の戦いに嫌気が差した模様。**ひそかに鎌倉に帰ろうとしたため、頼朝から叱責されました**。そのあと、壇ノ浦の戦いでは矢を放ちまくり、汚名を返上しましたが。

先生によっては、保護者欄に〈真っ直ぐな性格だけど、何かが抜けていますね。でも、運動ができるし、イジられキャラでもあるので、みんなの人気者ですよ〉というコメントを書くかもしれません。「13人」のメンバーに選ばれたのも、そんな和田義盛の人柄が大きかったのでしょう。

ただ、「体育」以外の点数は、並以下でした。特に「社会」を見る眼が欠けていました。ケンカは強いのですが、何かと調子に乗りやすい。相手に挑発されると、すぐカッとなる。息子も思慮分別に欠けていました。こうした姿勢が一族の破滅をもたらすことになります。その**和田合戦**の経緯は、１６４ページの通りです。

北条に並ぶ有力者ながら、脇の甘さから滅亡

比企能員

〈読み〉
ひき　よしかず
生年　1140年代?
没年　1203年
出身　武蔵国

流人時代の初代「鎌倉殿」頼朝を支えた**比企尼の甥っ子**にあたります。

源平合戦や奥州征伐にも従軍し、**頼朝にずっと近臣として仕えました。**奥州征伐の翌1190年、藤原泰衡（秀衡の子）の（元）家臣・大河兼任が乱を起こすと、千葉常胤らと

関係者の証言

人柄もよく、軍の大将も任せられる貴重な存在だった。だから彼にあとを託せば安泰だと思ったんだが。

きちんと聞いた話を記しておきましたぞ。名誉を挽回してあげたのですから、感謝していただきたい。

佐殿（頼朝）をよく支えましたね。立派でした。でも、なんで丸腰で政敵の館に行ったの？　呆れますわ。

ともに事態の収拾にあたりました。奥州藤原氏の残党を討ち、朝廷から右衛門尉の官位をあたえられています。

1198年には、娘の若狭局を2代目「鎌倉殿」頼家に嫁がせ、源氏との関係を深めました。さらにふたりのあいだに嫡男・一幡が生まれたことで、比企能員は外戚という地位を獲得しました。しかし、それがのちに〝禍〟へと転じます。

翌1199年、頼朝が急死。**千幡（実朝）を次期「鎌倉殿」に推す北条時政と対立し、乱へと発展した**のでした。歴史の教科書では、時政殺害を謀った比企能員の乱という扱いになっていますが、147ページのコラムにあるように、実態は〝その逆〟というのが定説になりつつあります。

比企能員が糾弾されるとすれば、その脇の甘さでしょう。禍転じて福となすどころか、一族の破滅をもたらしたからです。保護者欄には、どの先生も〈学級委員長を助けて、よく頑張りました。でも、お人好しの性格が徒になり、油断しすぎでしたね。おばさまが泣いてますよ〉と書くに違いありません。

実際、おばであり養母の比企尼は草葉の陰で涙を流していることでしょう。比企尼が支援したのは頼朝だけではありません。長女の丹後内侍は、13人合議制のメンバー安達盛長に嫁いでおり、孫にあたる姫の前は北条義時に見初められ、頼朝の仲立ちで正室になっていました。（→178ページ）。そんな関係もすべて崩れてしまったのです。

沈着冷静な理想の裏方、幕府の精神的支柱

大江広元

〈読み〉
おおえ　の　ひろもと
生年　1148年
没年　1225年
出身　京都

日ごろは裏方として実務に徹しながらも、社長が迷走しかけたとき、事業運営に問題が生じたときには、前に出て英断を下す。企業に例えれば、大江広元は理想の大番頭でした。
実父は大江維光（これみつ）（諸説あり）ですが、中原家の養子になったことから、中原姓を名乗っていました。同じ「13人」の中

関係者の証言

広元がいたから、安心して采配を振ることができた。幕府に欠かせない大番頭で、名参謀でもあったよ！

目立たないやつだったのに、鎌倉で出世して、朝廷とわたり合う存在になった。ちょっと忌々（いまいま）しいのぅ。

おれたち坂東武士とは、育ちも考え方も違う。気に食わなかった。おれがキレたのは、お前のせいでもある。

原親能は義兄です。大江姓に改姓したのは、晩年近くのことでした。

朝廷での広元は、九条兼実のいちスタッフにすぎず、**出世の望みが薄かったため、鎌倉に下向した**と考えられています。声をかけたのは義兄・親能で、頼朝に参じたのは源平合戦最中の１１８３年末ごろと推測されます。

その後、政所（当初は公文所）の別当（長官）として、**公文書の作成から、将軍の裁定、訴訟処理、儀式運営までを担い、幕府に欠かせない存在**になりました。頼朝に**守護・地頭の設置を進言した**のも、奥州征伐の残務処理をしたのも、広元でした。頼朝の使者としてたびたび上洛し、朝廷との難儀な交渉役も務めています。

「体育」以外はオール５。常に沈着冷静で、唯一涙を流したのは、実朝が暗殺されたときだけといわれます。この暗殺事件のあと、北条政子・義時姉弟が率いる幕府は、後鳥羽上皇との対立を深めました。そして承久の乱が起こったとき、**広元は前に出てアクセルを踏ませる**のでした（↓１８７ページ）。政子の名演説の影に隠れた英断です。

承久の乱の最中、義時の館に雷が落ち、下働きの者が亡くなったことがあります。幕府軍が上皇軍をつぎつぎ破っていたころで、義時はその報いではないかと恐れました。しかし、広元は〈奥州合戦の前にも落雷はありました。むしろ佳例（めでたいこと）ですぞ〉と安心させたのでした。広元は**義時の精神的支柱**にもなっていたのです。

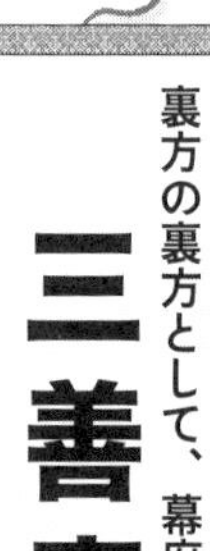

裏方の裏方として、幕府を支えた出家入道
三善康信

〈読み〉みよし の やすのぶ
生年 1140年
没年 1221年
出身 京都

初代「鎌倉殿」頼朝には、比企尼（ひきのあま）の他にも数名の乳母（めのと）がいました。そして乳母のひとりの妹が、三善康信の母でした。こうした関係で頼朝と懇意になり、流人時代の頼朝に月に3度、都の情報や平氏の動向を記した手紙を送るようになりました。**三善の手紙が頼朝挙兵に先鞭（せんべん）をつけた**のです。朝

関係者の証言

流人時代、手紙が届くのを楽しみにしていた。以仁王（もちひとおう）挙兵の知らせが届いたときは、拳（こぶし）を突き上げたよ！

頼朝公亡きあとも、年輩の官人としてしっかり務めを果たしてくれました。82歳の大往生でしたね。

父に学び、わたしも問注所の執事を務めました。その後、三善家が世襲するようになったんです。

廷では大江広元(ひろもと)と同じ下っ端役人で、頼朝の求めに応じて１１８４年、鎌倉に下りました。

康信は**「13人」メンバーのなかで、唯一の「出家入道」**です。『吾妻鏡(あずまかがみ)』には、１１８１年ごろから「入道善信(ぜんしん)」の名で登場しており、１１８４年に設置された問注所の執事になったときには、すでに出家していたのでした。「出家入道」とは、家督を保持しながら形式上の仏教僧になった者のことをいいます。三善は「鎌倉殿」頼朝をはじめ、みんなから法名の「善信」と呼ばれていたことでしょう。

この時代、出家する者は多かったのですが（↓１３９ページ）、政務に直接携わる出家者は限られていました。しかし、善信こと三善康信はずっと**問注所の執事として、〝民事訴訟〟問題の処理・解決から幕府のコンプライアンスにまで携わった**のです。さらに奥州合戦の最中には、頼朝から幕府の留守も託されました。また、承久の乱に向けて幕府内が守勢論と先制攻撃論に分かれたときには、幕府の「ご意見番」として、大江広元と同じく先制攻撃論を唱え（↓１８８ページ）、幕府を勝利に導きました。

このように三善は幕府の功労者ながら、裏方の大江のさらに裏方という座に身を潜め、前に出ることはありませんでした。これは、「出家入道」であったことが大きく影響しているともいわれます。その後の北条政権下では、「出家入道」がさまざまな形で重要な役割を担うようになります。三善はその先鞭もつけたのでした。

流人の頼朝に仕え、政子との縁もつなぐ？

安達盛長

〈読み〉
あだち　もりなが
生年　1135年
没年　1200年
出身　相模国？

出自は不明ですが、三善康信（善信）と同じく、乳母の縁で佐殿こと頼朝に従うようになりました。比企尼の娘を妻に娶っていたのです。1147年生まれの頼朝にとっては、ひと回り年上の頼れるアニキであり、長い付き合いから、**本音で語り合える仲間**でもありました。

盛長が頼朝と政子の仲を取りもったという話もあります。頼朝が好意を寄せていたのは政子の妹でしたが、妹のよからぬ噂を耳にした盛長は、頼朝が書いたラブレターの宛名を政子に書きかえて届けたとか？

元の姓は足立で、通称は藤九郎。1189年の奥州征伐のあと、奥州藤原氏から奪った**陸奥国の安達郡を所領**とし、安達姓を名乗るようになりました。官職をねだることなく、裏切りや陰謀なども無縁？　頼朝の死の翌年、まるで頼朝を追うかのように亡くなりました。

アンチ平氏の旗頭、文武両道で幕府を支える

足立遠元

〈読み〉
あだち　とおもと
生年　１１３０年代？
没年　１２１０年ごろ？
出身　武蔵国

父の代から武蔵国の足立郡を拠点にしていました。父の弟が安達盛長という説もありますが、定かではありません。遠元と源氏との縁は深く、１１５６年に平治の乱が起こったとき、**源義朝（頼朝の父）に従い、平清盛と戦いました**。少年時代の頼朝の眼には、遠元の奮闘する姿が焼き付いていたかもしれません。

反平氏の旗頭で、決起した頼朝が武蔵国に入るや否や、仲間を伴って馳せ参じました。頼朝の信任を得たことで、足立の所領の諸権利を保障（本領安堵）されています。

東国ボスながら読み書きが堪能だったので、幕府では重宝されました。１１８４年に**公文所（のちの政所）が設置されると、中原親能や二階堂行政らとともに寄人（スタッフ）に選ばれています**。「13人」メンバーに選ばれたのも、こうした**文武併せもった才能**ゆえでしょう。

無断で官位を授かるが、しっかり爪痕を残した？

八田知家

〈読み〉
はった　ともいえ
生年　1142年？
没年　1218年
出身　常陸国

足立遠元と同じく、源氏との結びつきは義朝（頼朝の父）の代からと深く、義朝の落胤説、つまり**頼朝とは兄弟だったという説**まであります。これが確かなら、義経たちとも兄弟ということになります。

平氏を滅ぼした義経は朝廷から官位を授かり、頼朝の怒りを買いました。このとき、知家も官位を授かり、頼朝から「怠け馬のくせに！」となじられています（↓73ページ）。そんな頼朝も征夷大将軍の官職に執着した一面があります。頼朝・義経・知家の3人にはこうした共通点があるものの、知家は宇都宮（中原・八田）宗綱の子とされています。

頼朝の死後、阿野全成が謀反をくわだてた（？）とき、**知家は頼家の命を受け、全成を殺害しています**。全成は大変な荒くれ者。そして彼もまた義朝の子という因縁めいた相手でした（↓143ページ）。「怠け馬」知家の蹄にしては、なかなか深い爪痕を残しました。

教師の家系にありながら、アウトドア派の働き者

中原親能

〈読み〉
なかはら の ちかよし
生年　1143年
没年　1208年
出身　京都

明法博士・中原広季の子（養子、諸説あり）で、**大江広元の義理の兄**にあたります。「明法」とは、古代の法律全般（律令・格式）のことで、中原家は代々官僚の卵に明法を教える官職にありました。頭脳優秀でなければ務まりませんが、官位はさほど高くありませんでした。

頼朝とは早くから通じ合っていたようで、頼朝が挙兵したときには、平氏からスパイの疑いをかけられたほど。幕府では**政所の寄人**（スタッフ）として、別当（長官）を務める義弟・広元を支えました。

こうした経歴から典型的な〝文系インドア派〟に思われそうですが、源平合戦では義経や範頼を助け、奥州征伐にも従軍しています。その後も大仏再建や朝廷との折衝など、京都守護として東奔西走の日々。バリバリの**〝体育会系アウトドア派〟の仕事人間だった**ようです。

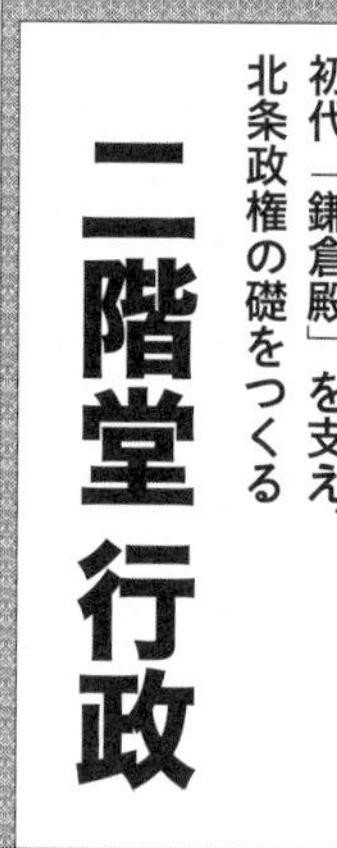

初代「鎌倉殿」を支え、北条政権の礎をつくる 二階堂行政

〈読み〉
にかいどう　ゆきまさ
生年　1130年代？
没年　不詳
出身　京都

藤原南家工藤氏の流れを引く文官。母方が熱田神宮の大宮司家の出だったことが縁で、頼朝に仕えるようになったといわれます。頼朝が鎌倉に建てた永福寺（別名二階堂）のそばに居を構えていたことから、二階堂を名乗るようになりました。

幕府では、**公文所と政所（公文所を改称）で別当の大江広元の下、政務裁断に関する事務処理に携わりました**。大江が不在のときは職務代行者となり、13人合議制がスタートしたときには、大江とともに政所別当の一員でした。このころ、すでに60歳を超えていたとみられます。

子の行村と行光も頼家以降の幕府を支え、子孫も代々、政所の執事を務めました。行村は1225年に設けられた**評定衆**の一員にも選ばれています。地味ですが、二階堂家の鎌倉幕府への貢献度は二重マルです。

鎌倉時代のハテナ…その7

Q 何かあると、みんな出家するのはなぜ？

出家とは、俗世界を離れて仏門に入ることと、僧侶として生きることをいいます。ところが、この時代には**出家しながら、俗世にまみれた人々**が少なからずいました。ある研究者は、〝普通の出家者〟と区別し、「出家入道」（↓133ページ）と呼んでいます。

平清盛も後白河法皇も出家したあと、権力を手放しませんでした。推古朝の仏教受容から聖武天皇の鎮護（ちんご）国家を通して、仏教は権力の中央に座することになったのです。「王法」と「仏法」の両方を備えること（↓101ページ）が為政者の条件であり、出家はひとつの到達点だったかもしれません。

ただ、**鎌倉時代の出家の動機は修業以外もあり、多様でした**。背景には、**浄土信仰の広がり**がありました。病気治癒（ちゆ）や往生（おうじょう）を願っての出家が最も多く、頼朝も死の直前に出家しています。謀反の容疑を晴らすため、隠居するためという出家もありました。２代目「鎌倉殿」頼家は引退せざるを得なかったため、母・政子から出家を強いられています。

近親者への哀悼（あいとう）の意を表すために出家したという例も少なくありません。後白河法皇は娘の死を機に出家しました。３代目「鎌倉殿」実朝が暗殺されたときは、百名以上が出家しています。質問のリピートになりますが、何かあると、みんな出家したのでした。

3 13人合議制の崩壊

❶ 讒言の梶原、二君に仕えられるか？

13人合議制のメンバーのうち、**最初に失脚したのは梶原景時**（↓122ページ）でした。

梶原は頼朝の恩人であり、頼家の乳母夫であることから、源氏の**「一の郎党」**[1]として重んじられていました。頼朝の晩年には、和田義盛に代わり、**侍所の別当**（長官）にも就任。事実上、御家人トップの座にあったのです。そこそこ教養があり、弁も立つため、他の東国ボスたちを見下していたかもしれません。それゆえ、多くの反感を買っていました。

その反感のダムがあふれた失脚事件は、ささいな発言をきっかけに起こります。

主な登場人物は、有力御家人の**結城（小山）朝光**、北条時政の娘・**阿波局**（政子の妹）とその夫・**阿野全成**、三浦義澄の子・**義村**らです。

合議制開始からまもない1199年のある日、談笑の場で**結城朝光**がこう言ったのです。

〈忠臣は二君に仕えずというが、おれも頼朝様が亡くなったとき、出家すべきだったなぁ～〉

結城は頼朝からの信が厚く、**寝所警固衆**(しんじょけいごしゅう)⑵に任命されていたほどでした。初代「鎌倉殿」の時代を懐かしむように、軽い気持ちで発した言葉だったのでしょう。本来、結城は控え目な性格でした。

しかし梶原景時は、この結城の「忠臣は二君に仕えず」という言葉を、〈結城は頼朝様には仕えたが、頼家なんかに仕えるつもりはない〉と解釈（曲解）し、**頼家に讒言（他人を悪く言って陥**(おとしい)**れること）した**のでした。

これを耳にした阿波局は、結城に〈梶原の讒言を頼家様が信じています。頼家様はあなたを討つおつもりですよ！〉と伝えたのです。

驚いた結城は、何かと頼りになる**三浦義村**に相談しました。義村は父・義澄とともに源平合戦のときから「鎌倉殿」に仕えてきました。このころ、幕府の要人になっていて、やがて、義村は北条氏の右腕として欠かせぬ存在になります。

⑴ **一の郎党**
筆頭格の郎党（主人と血縁関係のない家来）のこと。梶原は、都の貴族から**「鎌倉ノ本体ノ（第一の）武士」**とも称された。

⑵ **寝所警固衆**
頼朝の寝どころの警固担当者で、11人で構成。**「弓箭**(きゅうせん)**」**（弓と矢、武芸一般）**に優れていること、頼朝の厚い信を得ていることが**条件だった。義時(よしとき)の他に、梶原景季(かげすえ)（景時の子）、千葉胤正(たねまさ)（常胤(つねたね)の子）ら、頼朝の**近臣の子息**が中心。

さて、結城から相談を受けた義村は憤慨しました。

〈梶原は讒言を繰り返してきた。あいつのせいで破滅した仲間がどれだけいることか！　みんなの声を「鎌倉殿」頼家様に伝えよう！〉

すると、御家人のなかから〈ワシも、オレも、ワレも！〉とばかり、**梶原弾劾の賛同者が続々と現れた**のです。

その数66人。合議制の13人をはるかに上回る数です。それどころか、合議制の御家人の大半が名を連ねていました。ふだんは慎重な事務方である**大江広元**も頼家に取り次がざるを得ません。

梶原は頼家に呼び出され、弁明の機会をあたえられました。

しかし、弁活巧みなはずの景時は黙して語らず。

〈そんなにオレは嫌われているのか。ここが潮時かもしれんなぁ……〉

〈くそっ、オレをはめやがった！　いまに見ておけ！〉

梶原の胸のうちは、どちらだったのでしょうか。

❷ 不可解な謀殺事件

その後も御家人たちの梶原への口撃は止まず。頼家は、「一の郎党」としてずっと頼りにしてきた梶原をやむなく追放します。

しかし、鎌倉を追われた梶原は、このまま引き下がりませんでした。

西国に向かい、仲間を集めて、**鎌倉幕府を倒そうとした**のです。13人合議制や東国の御家人からは嫌われていましたが、源平合戦で平氏についた武士や滅ぼされた奥州藤原氏の生き残りで、梶原の取りなしによって命を救われた者も多く、全国には梶原を慕う武士がいました。和歌の才も持ち合わせていたので、都の貴族とも交流がありました。梶原の支持者は少なくなかったのです。

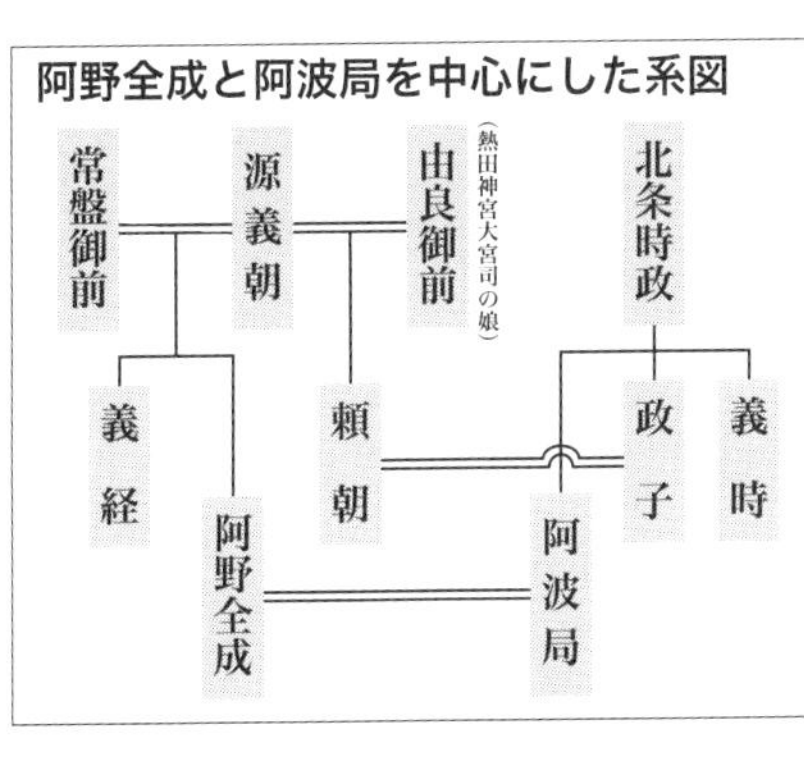

しかし、京に向かう途中、あえなく敗死。駿河国の武士に討たれたのでした。

梶原がもっていた所領は、梶原追討の論功を挙げた御家人たちに分配されました。なお、このときの駿河国の守護は北条時政です。

さて冒頭、事件の主な登場人物として、**阿野全成**を挙げました。ここまで登場してきませんでしたが、**阿波局とともに、梶原追放をくわだてた黒幕**ともいわれます。阿野の姓は、所領（駿河国の阿野荘）を得るまで、源でした。実は全成は頼朝の異母弟、義経の実兄なのです。義経と折り合いの悪かった景時の死に兄が関与。偶然なのでしょうか？

それから3年後の1203年、**頼家は、阿野全成を謀反の疑いで追討しました**。

そもそも梶原弾劾は、阿波局の告げ口に端を発した事件です。頼家は、梶原を追放したことを深く悔いていました。頼家の胸の中では、全成と阿波局への不信感が膨らんでいたことでしょう。

全成謀殺を実行したのは、「13人」メンバーのひとり**八田知家**でした。八田は忠実に職務を果たし、梶原失脚のキーパーソンである阿野全成はあえなく殺害されます。

ちなみに、第2章の最後で、「ポスト頼朝時代は、**『頼家＝比企氏』VS『実朝＝北条氏』の構図**で幕を開けます」と記しました。頼家を支える比企能員はこのとき、政子に阿波局を引き渡すよう強く求めています。しかし、政子は拒否し、阿波局を京へ逃しました。

全成が何をくわだてていたのか、時政・政子父娘がどうかかわったのか。阿野全成謀殺事件は史料が乏しく、真相はわかりません。

いずれにせよ、頼家と北条父娘のあいだに亀裂が生じているのは明らかでした。

❸ 比企能員の乱の真実

梶原景時追討事件（1200年）と阿野全成謀殺事件（1203年）のあいだ、13人合議制の御家人のうち、ふたりが消えました。**三浦義澄と安達盛長が他界した**のです。享年は義澄74歳、盛長

66歳。いずれも病死と思われます。

これで「13人」のメンバーのうち、梶原を含めて御家人３人が亡くなりました。

さらに阿野全成謀殺事件のあと、「鎌倉殿」頼家も死の淵(ふち)に追いこまれました。急な病に倒れたのです。一気に、頼家の跡継ぎ問題が浮上しました。

３代「鎌倉殿」は、北条氏が後見人の千幡(せんまん)こと**実朝**（頼家の弟）か？　それとも、「13人」のひとり比企能員が後見人の**一幡**(いちまん)（頼家の子）か？

一幡は、比企能員の娘・若狭局(わかさのつぼね)と頼家のあいだに生まれた子です。実朝は10歳、一幡は６歳でした。

こうしたなか、阿野全成謀殺事件の余熱も冷めやらぬうちに、**比企能員の乱**が起こります。

鎌倉御所の寝室でのことでした。父・比企能員の意を受けた若狭局が、頼家に時政追討を迫ったことがきっかけです。

〈北条時政を生かしておくと、一幡の世は訪れません。ご決断を！〉

たまたま、これを障子越しに聞いた政子は、父・時政

３代目「鎌倉殿」をめぐる構図

源頼朝 ＝ 政子 — 実朝（千幡）、頼家
北条時政 — 政子、義時、阿波局
阿波局 ＝ 阿波全成
頼家 ＝ 若狭局 — 一幡
比企能員 — 若狭局

に比企追討を迫りました。

〈比企能員が攻めてきますわ。ご決断を！〉

これを聞いた時政から、比企追討の相談を持ちかけられた**大江広元**は、困り果てました。

ただ、大江はなすべき仕事を、いや自分が生き残る術を心得ていました。今後どう転んでも、言い訳が立つよう、どちらとも解釈できる言葉を返したのです。

〈わたくしは政道を助ける立場でございます。兵法についてはわかりません。賢明なご判断をなさってください〉

この大江の態度・発言こそが〝賢明〟でした。宿老たちの〝仁義なき戦い〟が泥沼化・長期化するなか、このあとも大江はしぶとく生き延びます。

大江との会談後、時政は自分に都合よく、「賢明なご判断」をします。

大江からゴーサインをもらった、と解釈したのです。そして時政は仏教儀式を口実に比企能員を自邸に呼びよせ、中庭であっさり殺したのです。手を下したのは**仁田忠常**（にったただつね）（↓95ページ）ら、北条の忠実な部下たちでした。

比企は人柄はよいものの、どこかヌケてたのかもしれません。このとき、何の警戒心も抱かず、無防備で、お付きの者もわずかでした。

さらに時政は、比企一族壊滅にかかったのです。

有力御家人に比企邸の襲撃を命じました。息子の義時（よしとき）、孫の泰時（やすとき）にくわえ、和田義盛、三浦義村、畠山重忠（しげただ）らも呼応し、**比企一族を一瞬のうちに滅ぼした**のでした。このとき、頼家の子・一幡も焼死しました。

これを**比企能員の乱**といいます。

〈えっ？　比企は乱を起こしていないじゃん。北条の乱じゃないの？〉

〈時政の手際がよすぎるよ！　政子が障子越しに聞いたというのも、ウソっぽい昼ドラみたい〉

そういう声も、多々あります。

比企氏の所領は、すべて北条のものになりました。

◆慈円（じえん）が耳にした「比企の乱」

比企能員の乱は、都にも伝わりました。天台宗のトップ（座主）**慈円**は、自身が耳にした乱の経緯を**『愚管抄（ぐかんしょう）』**に記しています。

そこには、北条政子が障子越しに聞いたという記述はなく、頼家は一幡への世継ぎが確かなものとなり、安心して出家したとあります。比企が時政を追討しようとしたなどという記述もありません。また、比企邸で一幡が焼死したのではなく、**義時が逃げた一幡を追いかけて殺害した**というのです。

都では、比企の乱ではなく、千幡を将軍に立てようと画策した**北条のクーデター**と見ていたのでした。

❹ 2代目「鎌倉殿」の最期

もう余命いくばくもない――。母・政子でさえ、息子の死を覚悟していました。ところが重病で瀕死（ひんし）の状態にあった頼家は、奇跡的な回復を遂げたのです。

しかし、頼家は快気祝いをするどころか、〝怪奇呪い〟をかけたくなるほど悶絶（もんぜつ）しました。一幡の死と比企氏滅亡の知らせを聞いたからです。最愛の息子と最大の後ろ盾（だて）を一度に失ったのですから、悲しみのあまり悶絶するのも当然でしょう。

そんな我が子・頼家の姿を見て、政子はどう思ったのでしょう？

〈跡継ぎは千幡（実朝）に決定！　となったのに、なんでいまさら回復するのよぉ～〉

〈一幡を殺すつもりなんてなかった。ああ～、なんて不憫（ふびん）な息子なの……〉

息子をとるか、実家をとるかの二者択一。すでに実家を選択していたとはいえ、子を思う母・政子の胸のうちは察するに余りあります。政子が頼家の悲しみに寄り添おうとしたのは確かでしょう。

一方の頼家は、悲しんでばかりではいられません。ここに至って、ようやく時政追討を決意しました。**和田義盛と仁田忠常に時政を討つよう命じた**のです。

しかし、和田も仁田も、〝比企能員の乱〟の際は時政の傘下（さんか）にありました。追討令を受けた和田がすぐさま時政にチクると、時政は頼家の追放を政子に命じます。

このとき和田と違ってチクリをためらい、〈頼家につく気色（様子）あり〉と見られた**仁田はあっさり殺されました**。手を下したとされるのは、小四郎こと北条義時です。**比企の一件に続き、義時はしっかり爪痕を残しました**。

もう、頼家に残された道はありませんでした。

政子のすすめを聞き入れ、出家するしかなかったのです。将軍の職を解かれ、**伊豆国の修禅寺での幽閉生活**を余儀なくされました。

人里離れた修禅寺の暮らしは侘しく、〈だれか使いの者を寄こしてよ～〉と、しばしば政子や弟の実朝に手紙を送っていたようです。しかし、面会が許されたのは、監視役の三浦義村だけ。頼家は孤独でした。

１２０４年夏のある日、入浴中の頼家を刺客が襲いました。刺客の送り手は不明とされていますが、みな想像がつくことでしょう。

豪殺で武芸に秀でる頼家は、激しく抵抗しました。しか

◆「人穴」に呪われた豪傑

北条義時に討たれたとされる**仁田忠常**は、数多くの武勇伝を残しています。初代「鎌倉殿」頼朝が主催した富士の巻狩り（→93ページ）では、**暴れ狂うイノシシ**をその背にまたがって仕留め、やんやの喝采を浴びました。

1203年、2代目「鎌倉殿」頼家が主催した巻狩りでは、頼家からいわくつきの洞窟**「富士の人穴」**の探索を命じられました。入ると穴中は地獄。仁田は、毒蛇の姿をした権現さま（富士信仰の神）から、「地獄の様子を話してはならぬ！」と口止めされます。

しかし、仁田は禁を犯し、頼家に伝えたのでした。その**地獄の呪いで、仁田は亡くなった**とも伝えられます。

1199	13人合議制が始まる
1200	梶原景時が追討される
	三浦義澄が亡くなる
	安達盛長が亡くなる
1202	頼家が征夷大将軍に就任する
1203	阿野全成が謀殺される
	〝比企能員の乱〟が起こる
	源実朝が征夷大将軍に就任する
1204	源頼家が暗殺される
	北条時政が侍所別当に就任する

し、最期はふぐり（陰嚢）を斬られて、息絶えたのでした。享年23歳。2代目「鎌倉殿」の哀しく憐れな最期でした。

翌月、北条時政は大江広元とともに、**政所の別当**（長官）に就任します。

3代「鎌倉殿」征夷大将軍には、当然のなりゆきで、千幡こと実朝が就任していました。しかし、実朝はまだ12歳の少年です。合議制もカタチをなさなくなっていたので、後見人が幼き「鎌倉殿」を助けるしかありません。

実朝の後見人は、北条時政です。**時政が、「鎌倉殿」実朝の代理人、すなわち執権（→161ページ）として鎌倉幕府の実権を握る**ことになったのです。時政、60代半ばの〝迎春〟でした。

第4章

新しい「鎌倉殿」姉弟の時代

〝仁義なき戦い・鎌倉死闘編〟の行方

❶ 時政の栄華と「坂東武士の鑑」

１２０４年、政所の別当（長官）となった北条時政は、この世の春を謳歌していました。

我こそが「鎌倉殿」を超えた〝鎌倉の主〟であるとばかりに、幕政を思いのままに動かしはじめたのです。鎌倉幕府の主権の根幹といってもよい、御家人の恩賞もみずから裁定しました。そのそばには、牧の方という若い後妻がよりそっていました。

また、３代目「鎌倉殿」実朝の妻に、**後鳥羽上皇の従兄妹にあたる坊門信子（坊門信清の姫）**を迎えました。このと

北条時政公肖像
（画像提供：願成就院）

き実朝は14歳、信子13歳でした。京文化とりわけ和歌を好む実朝と、幼いながらも教養豊かな信子は、すぐに意気投合したようです。

こうして**時政は朝廷との〝いい関係〟もバッチリ築くことができた**のです。

一方、時政の子・北条義時は、深い後悔の念に苛まれることになります。頼家が暗殺された翌1205年春、**畠山重忠の乱**が起こったからです。乱の経緯を紹介する前に、畠山の人となりに触れておきましょう。

畠山重忠は**「坂東武士の鑑」**といわれました。怪力かつ勇猛でありながら、実直かつ醇厚（情に厚い）。源氏への恩義を忘れず、頼朝に帰服し（↓51ページ）、源平合戦で義経を支え、義仲の追討でも戦功を挙げ、奥州征伐では先陣を務めました。

あるとき、梶原景時の讒言によって謀反を疑われ、所領を没収されたことがありました。しかし、畠山はいっさい言い訳をしませんでした。

〈武士に二言はない。起請文を書くまでもない〉

起請文とは、神仏にかけてウソではないと誓約する文書のことです。畠山重忠は毅然とした態度で、それすら必要ない、と言い切ったのでした。

畠山の嫌疑を晴らしたのは下河辺行平（↓106ページ）ら、ふたりをよく知る御家人でした。畠山は文武両道に秀でながら、梶原と違って人望が厚く、まさに武士の「鑑」（模範・手本）のような存在だったのです。ただ、三浦義村と和田義盛は、過去の因縁（↓50ページ）から、畠山のことを苦々しく思っていました。

❷ 畠山重忠謀反のホント？

乱のきっかけは酒席の場でした。主な登場人物は、重忠の嫡男・**畠山重保**、北条時政の後妻・**牧の方**(1)、その娘を娶った京都守護・**平賀朝雅**、そして**北条義時**です。場所は、京の平賀邸。

ここで、重保と平賀が激しく口論をしたのです。周囲の者がなだめたものの、怒りが収まらない平賀は義母にあたる牧の方に讒訴(2)しました。

口論の理由は定かではありませんが、畠山一族が所有する武蔵国の所有権をめぐる争いだったと考えられています。

かねてから、北条一族と畠山一族はこの地をめぐって、ピ

◆愛馬を背負う武士の鑑

源平合戦の一ノ谷の戦いは、義経の奇策「鵯越の坂落とし」（↓67ページ）で知られます。このとき、馬が傷つかぬよう、畠山重忠は**愛馬を担いで坂を駆け降りた**と伝えられます。眉にたっぷりツバをつけたくなる話ですが、重忠の優しさと怪力ぶりを後世に伝えるにはうってつけの逸話です。

畠山重忠公之像
（畠山重忠公史跡公園）
画像提供：深谷市市民協働事業「深活」

リピリした関係にありました。

平賀の讒訴を受けた**牧の方は、畠山重保を処罰するよう、時政に強く求めました**。

牧の方の色香にメロメロだった時政は、当然「ノー」とは言いません。それどころか、こう考えたのです。

〈いい口実ができた。畠山一族をここで一気に滅ぼすか！〉

息子の義時と時房（ときふさ）を呼び出し、畠山重忠・重保親子を謀反のかどで追討するよう命じたのです。

これまで父の命令に粛々と従ってきた義時ですが、このときばかりは違いました。義時も畠山重忠のことを、同世代ながら「武士の鑑」と尊敬していました。弟の時房も同じ思いでした。口を合わせて、こう反論したのです。

〈重忠は忠臣として、これまで「鎌倉殿」に仕えてきました。確かな証拠もないのに、どうして討てましょうか!?〉

時政は返す言葉なく、席を立ちました。

しかしその後、牧の方の兄が義時のもとを訪れ、〈畠山の謀反は疑いな

---

(1) **牧の方**

頼朝の愛人騒動でとばっちりを受けた**牧宗親**（むねちか）（→41ページ）の娘（妹？）。生没年は不詳だが、北条政子とは年齢が近かったよう。ふたりは将**軍継承問題で対立する**ことになるが、ともに勝ち気な性格で、もとからそりが合わなかった。

(2) **讒訴**

文字通り、讒言（うそ偽り）の訴えを起こすこと。かげ口で人を陥れ（おとしい）ること。

い〉と説得してきたのです。義時はこれも讒訴と疑いつつも父たちからの圧力に堪え切れず、やむなく畠山追討軍を率いることになったのでした。気が重かった義時とは対照的に、畠山に怨み(うら)をもつ三浦ファミリーの三浦義村と和田義盛は積極的でした。まず義村が重保を倒し、続いて北条義時・時房と和田義盛らの率いる数百の軍勢が、重忠の追討に向かいました。

対する重忠の兵は、百余騎。謀反を起こす軍勢としては、あまりにも少なすぎます。**死闘の末、「坂東武士の鑑」は粉々に砕け散りました**。重忠、無念の最期でした。

❸ 牧の方の止まぬ野望

義時は罪悪感に駆られました。

畠山重忠が謀反を起こすつもりなどなかったことは、明々白々でした。その気になれば、畠山は数倍の軍勢を集められたことでしょう。

御家人たちは、重忠の死をどう見たのでしょうか?

〈重忠は冤罪(えんざい)に違いない。時政のはかりごとだな〉

義時と同じ思いでした。**だれもが北条時政と牧の方に嫌疑の眼を向けた**のです。時政もうすうすは感じていたことでしょう。息子だけでなく、他の御家人たちの心が離れつつあることを。

そしてこのとき、**畠山の所領を恩賞として、御家人たちに分配したのは「尼御台所（あまみだいどころ）」北条政子**でした。まだ幼い実朝の代わりに、政子が采配を振ったのです。

こうなると牧の方はおもしろくありません。憎悪を実朝にも向けました。というより、前々から謀（はか）っていたのでしょう。牧の方は時政に讒訴ではなく、おねだりをします。

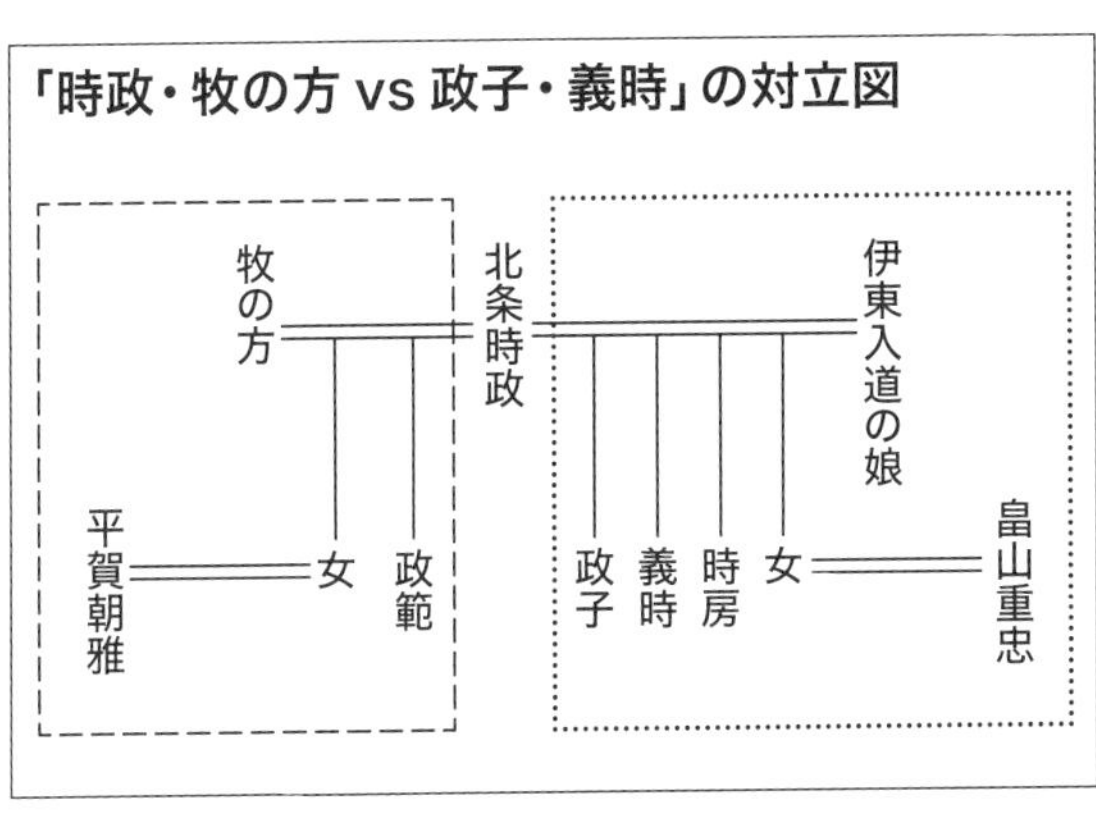

〈将軍にふさわしいのは、平賀朝雅殿じゃないかしら。朝雅殿は源氏の血を引いていますし、幼い実朝では荷が重すぎますわ。いっそ、実朝を討たれては？〉

と、将軍交代どころか実朝追討までおねだりしたかどうかは不明ですが、時政が牧の方に取り込まれていたのは疑いないでしょう。時政は実朝殺害を実行に移そうとしたのです。

ただ、平賀朝雅の父は源氏の直系、母も頼朝の乳母（めのと）だった比企尼（ひきのあま）（↓38ページ）の娘でした。平賀は血筋としては悪くありません。

こうして、**「時政・牧の方VS政子・義時」**という対立の構図が鮮明になったのでした。

❹ 江間小四郎から北条義時へ

時政と牧の方の策謀を知った政子は、実朝の身を案じました。時政の館から実朝を保護し、義時の館に移したのでした。

実朝奪回に協力したのは、**三浦義村や結城（小山）朝光**（↓140ページ）らでした。このふたりだけでなく、御家人の大半が政子の側につきました。

「鎌倉殿」が「鎌倉殿」たり得る条件は、血筋だけではありません。御家人からは、自分たちのほうを向いてくれるリーダー、御恩と奉公の主従関係に安心して身を任せられるボスが求められていました。それは、もはや性別も問わなくなっていたのでしょう。**いつのまにか、多くの御家人が政子をボスと仰ぎ見るようになっていった**のです。

時政は、政子から出家を促されます。「昔の剣今の菜刀（昔は名剣だったのに、今は果物ナイフになり下がった）」のごとく、御家人からの信を失ったいま、抗える道はありません。晩節を汚した時政は、所領の伊豆国で侘しい老後生活を送ることになりました。京の平賀朝雅も殺害されました。

この一連のできごとを、**牧氏の乱**（牧氏事件）といいます。1205年7月、畠山重忠の乱から2か月も経たぬできごとでした。

乱に名を残した牧氏こと牧の方は、その後、どうしたのでしょう？

1205	6. 畠山重忠の乱
	7. 牧氏の乱
	北条義時が政所別当に就く
1207	5. 義時が従五位上に昇叙する

藤原定家は、日記『明月記』に〈牧の方は、京でそしらぬ顔。何もなかったように、とてもぜいたくな暮らしをしている〉と皮肉まじりにつづっています。

時政を追放した**江間小四郎は、正式に北条の家督を継ぎ、北条姓を名乗る**ことになりました。さらに**北条義時は政所別当にも就任**。幕府の行政権を手に入れました。このとき、42歳。脂の乗り切ったお年頃といってよいでしょう。

もうひとりの政所別当は、大番頭の大江広元です。こうして**3代将軍実朝を支える、「北条政子・義時姉弟プラス大江」体制が確立された**のです。

ただ、こんな声もあります。

〈牧の方の策謀から時政追放までの流れは、義時にとってあまりに都合がよすぎる。義時か政子が書いたシナリオじゃないの!?〉

憶測が憶測を呼ぶ、この時代の自由度の高さは、「はしがき」に記した通りです。

つかのまの平穏から和田合戦へ

❶ つかのまの平穏無事

1210年春、**3代目「鎌倉殿」実朝**は朝廷から従三位に叙せられました。

このとき、実朝18歳。あいかわらず、京文化への憧れを隠しませんでした。[1]**『新古今和歌集』**の写本が鎌倉に届いたときは、大コーフン。みずからも歌作を始め、当代一の歌人**藤原定家の指導**を仰ぎました。

実朝と定家の仲立ちをしたのは、**飛鳥井雅経**（あすかいまさつね）です。大江広元（ひろもと）の娘が飛鳥井の正室として嫁いでいたことからの縁でした。飛鳥井は蹴鞠（けまり）（→113ページ）の達人で、飛鳥井流蹴鞠（難波流と並ぶ蹴鞠の流派）の創始者としても知られます。

また、学問の家庭教師および行政の指導役として、都から**源仲章**（なかあきら）が鎌倉に派遣されました。仲章は政所別当のひとりとして実朝の政務を支えます。こうしたサポートを受け、実朝は幕府の政治にも少しずつ関与するようになっていました。ただし仲章は、後鳥羽上皇の近臣だったので、朝廷のスパイだったという声もあります。

　このとき、13人合議制の創始メンバーで政治の舞台に残っていたのは、**北条義時**・**和田義盛**・**大江広元**・**三善康信**の４人。御家人は北条義時と和田義盛のふたりだけになっていました。

　ただ、創始メンバーのジュニアたちが側近として仕えていました。義澄の子・**三浦義村**、盛長の子・**安達景盛**らです。このあとも、彼らは歴史の表舞台で重要な役割をはたします。

　なお、**中原親能**は１２０８年に亡くなっています。**足立遠元**は１２０７年に闘鶏会に参加したという記録を最後に、どの文献にも出てきません。**二階堂行政**も、実朝の時代からは記録が残っていません。生きていたとしても80歳近い高齢だったので、政界からは引退していたのでしょう。

　政子・義時体制は、しばらく安定していました。義時が**執権**[2]となっても、専制に走らなかったからです。義時は父・時政を反面教師にしたの

---

(1)**『新古今和歌集』**
　後鳥羽上皇の命を受けた**藤原定家**、**飛鳥井雅経**ら６人が約１９８０首を選集。１２０５年に成立した。『万葉集』『古今和歌集』とともに三大歌集に挙げられる。

(2)**執権**
　鎌倉幕府の**将軍の補佐・後見役**。もとは院政で実務を担う者のことをいった。実朝の後見となった時政が初代とされるが、政所・侍所の別当を兼任した義時を初代とする見方もある。

でしょう。御家人の不信感を招くような行動を慎んでいました。官人の大江広元や三善康信の協力を得ながら、しっかり「鎌倉殿」実朝を支えていたのでした。

❷ 北条は「鎌倉殿」か？

前述した通り、13人合議制の創始メンバーで残る武士は、第2代執権の北条義時と三浦ファミリーの筆頭となっていた和田義盛だけです。

ふたりが協力し合えば、〝仁義なき戦い・鎌倉死闘編〟は幕を閉じる——。はずでしたが、両雄並び立たず。和田義盛は源頼朝と同じ1147年生まれであり、1163年生まれの義時にとってはかなりの先輩で、煙たい存在でした。初代「鎌倉殿」決起時からの幕府の〝長老〟として幅を利(き)かしていたのです。実朝にも少しずつ接近していました。

和田義盛にとっては、源氏こそが「鎌倉殿」であり、北条氏は仰ぎ仕える殿ではありません。もとをたどれば同じ東国のボス同士、いや三浦一族より北条一族は格下という意識さえどこかにあったのでしょう。

しばらく平穏だった鎌倉で、1213年2月に陰謀(いんぼう)事件が発覚します。

安念(あんねん)というひとりの僧が、**千葉成胤**(なりたね)（**千葉常胤**(つねたね)の孫）のもとを訪ねてきました。千葉氏は一族で源氏を支え、成胤も祖父・常胤や父・胤正に従い、源平合戦や奥州征伐に加わりました。祖父の千葉常胤は13人合議制メンバーには選ばれなかったものの、石橋山の戦いに敗れた頼朝のもとに参じ（→50ページ）、感激した頼朝から「そなたを父と思う！」とまで言われたほどの人物です。

そんな血を引く成胤に、安念はある計画の協力を求めてきたのです。

〈北条を倒す。頼家の遺児・千寿を将軍に立てる。力になってほしい！〉

北条転覆計画の首謀者で、安念を成胤のもとに送ったのは、**信濃源氏の泉親衡**でした。

御家人のあいだでは、時政追放によって一旦収まっていた北条体制への不満がじわじわ高まっていました。いまがチャンスとみた泉親衡は廻状（回し読みの伝達文書）を送り、３００人以上の御家人と武士を結集させていたのです。

しかし、成胤は協力に応じず、逆に安念を捕らえ、御所に連行したのでした。転覆計画は未遂のうちに失敗。

これで終われば、幕府転覆未遂・泉親衡の小乱として片付けられるはずでした。

ところが、**転覆計画に加わった御家人のなかに、和田一族が含まれていた**のです。和田義盛の子である義直・義重と、弓の名手として知られた甥の和田胤長らです。あわてて駆けつけた義盛は、実朝に嘆願します。実朝はこれまでの義盛の貢献に免じて、息子ふたりを許しました。

これに調子に乗った義盛は甥の胤長の赦免も求め、一族で御所に押しかけたのです。しかし、義

三浦氏と和田氏の系図

- 三浦 義明
  - 義宗
    - 和田 義盛
      - 義直
      - 義重
    - 義長
      - 胤長
  - 義澄
    - 義村
    - 胤義

時の意を受けた実朝から、**〈胤長は首謀者のひとり。受け容れられぬ〉**と退けられました。

さらに北条義時は強圧的な行動に出ます。胤長に縄をつけて引きずりまわし、さらし者にしたうえ、流罪に処したのでした。和田義盛に対する〝挑発行為〟といってもよいでしょう。和田一族にとっては、耐えがたい恥辱でした。

なお、胤長を引きずりまわしたのは、**二階堂行村**（ゆきむら）でした。13人合議制発足時のメンバーで官人の**二階堂行政の子**です。

❸ 和田合戦と「友を食らう犬」義村

和田義盛は義時の〝挑発行為〟に、全体重をかけて乗っかかりました。**打倒北条に向け、一族を結集した**のです。当然、同じ三浦ファミリーの三浦義村と胤義（たねよし）（義村の弟）も参戦の約束をしました。

5月、和田義盛の軍勢が、大倉御所を攻撃。

北条義時と3代目「鎌倉殿」実朝は、なんとか脱出したものの、火をつけられた大倉御所は全焼しました。**鎌倉が戦場になったのは、初めてのこと**です。昨日まで同じ酒を酌み交わしていた御家人も、敵同士になりました。

激しい市街戦が続き、一進一退の攻防を繰り返します。しかし翌日、実朝が態度を保留していた御家人に向け、和田追討の命令を出すと、戦況は急転しました。

開戦から3日目、和田義盛が由比ケ浜で討たれ、和田合戦は北条の勝利に終わりました。老骨に鞭打った義盛、67歳の最期でした。

勝敗を分けたのは実朝による追討命令でしたが、もうひとつ耳を疑うことが起こっていました。同じ三浦ファミリーの**三浦義村・胤義兄弟が裏切っていた**のです。

義村は事前に、義盛の蜂起計画を義時に伝えていたのでした。合戦でも、義村と胤義はたくさんの血と汗を流したことから、その功が認められ、義村は北条義時の事実上の腹心ナンバー1になりました。

1200	梶原景時（かげとき）— 敗死
1203	比企能員（ひきよしかず）— 謀殺
1205	畠山重忠（しげただ）— 敗死
1205	北条時政 — 失脚
1213	和田義盛 — 敗死

義村の行為は急な寝返りに見られそうですが、かねてから、和田義盛と義村・胤義兄弟の関係は良好ではありませんでした。たがいに〈われこそ三浦家の主なり！〉という意識が強かったのです。義村たちのほうが三浦姓を名乗っていたのですから尚更でしょう。

それでも、**義村のチクリは、同族への明らかな裏切り行為**です。義村は他の御家人から**「三浦の犬は友を食らう」**とあざけられ、信頼を失ったのでした。ちなみに、このあとも三浦義村は70歳前後まで生きのび、いくつかの歴史の分岐点で、表とも裏とも解釈できる立ち回りを演じます。

ともあれ、13人合議制の創始メンバーが、またひとり舞台から消え去りました。**生き残ったのは、北条義時と2人の官人**だけです。一緒に「鎌倉殿」実朝を支えるのは、50代半ばを過ぎた「尼御台所（あまみだいどころ）」北条政子。そして、やはりこんな声が出てきます。

〈これまた、義時にとって都合がよすぎる。泉親衡の転覆計画からして、義時か政子が書いたシナリオじゃないの⁉〉

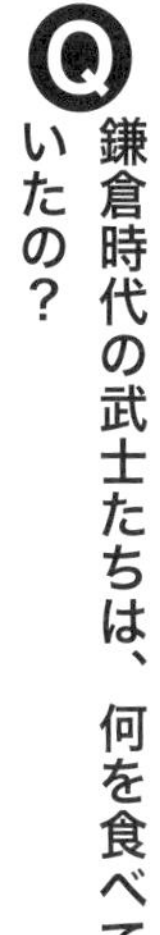

鎌倉時代のハテナ…その8

Q 鎌倉時代の武士たちは、何を食べていたの?

食事は**朝夕2度**。これは室町時代まで変わりません。「武士メシ」は雑穀米と玄米が主食で、基本は一汁一菜だったといわれます。戦場には、**強飯**（こわいい）（蒸した玄米）を持参していました。御家人は戦いに備え、毎日五合の玄米を食べ、エネルギーを蓄えていたといわれますが、実際のところはわかりません。

鎌倉時代の初め、まだ二毛作は普及していませんでした。灌漑（かんがい）施設も肥料も旧来のままで、**食糧生産体制は脆弱（ぜいじゃく）だった**のです。そのため米は貴重品で、米がある武士の食事は、稗（ひえ）や粟（あわ）だけの農民よりずっとぜいたくなものでした。

おかずは梅干しや根菜類など質素なものでした。ただし、東国の武士はイノシシやシカ、カモなどを狩って食べていたようです。**殺生（せっしょう）を嫌う都の貴族と違い、肉食への抵抗が少なかった**のでしょう。肉も魚も、生で食べる習慣はなく、必ず火を通していました。あるいは、干物や塩漬け、なますなど。

飲酒も盛んで、主人を囲む酒宴（しゅえん）の場で政（まつりごと）が決まることもあったようです。しかし、深酒で身を滅ぼす者がいるのは、今も昔も同じ。酔いが回り、口論から一族同士の争乱に発展することも、少なからずありました。**畠山重忠の乱**のきっかけとなった酒席がその好例、いや悪例です（↓154ページ）。

3 マルチな上皇と3代目「鎌倉殿」

❶ 多芸多才な後鳥羽（ごとば）上皇

鎌倉で北条政権が確立されつつあったころ、京の朝廷はどんな状態にあったのでしょう？

後鳥羽上皇による院政がしっかり機能していました。上皇は、各地に分散していた皇室領荘園を集約し、財力を蓄えていました。また、新たに**西面の武士**（↓183ページ）を置き、都の武士を護衛にあたらせるなど、軍事力も強化していたのです。

そのため、都の御家人は、朝廷と幕府の両方に仕えるという〝宙ぶらりん〟な状態に置かれることになりました。さらに頼

『小倉百人一首』に描かれた後鳥羽上皇

（イラスト：写楽勝／PIXTA（ピクスタ））

朝が亡くなって以来、鎌倉では〝仁義なき戦い〟が続いていたこともあり、**在京の御家人は自分の身の置きどころに迷いが生じていた**のです。このことが、のちに幕府を揺るがすことになります。

後鳥羽上皇のこれまでを、少し振り返りましょう。

高倉天皇の第4男として、1180年に生まれました。初代「鎌倉殿」頼朝が挙兵した年です。

天皇に即位したのはわずか3歳のとき、源平合戦さなかの1183年です。**平氏と安徳天皇の都落ちにともなっての即位**でした。

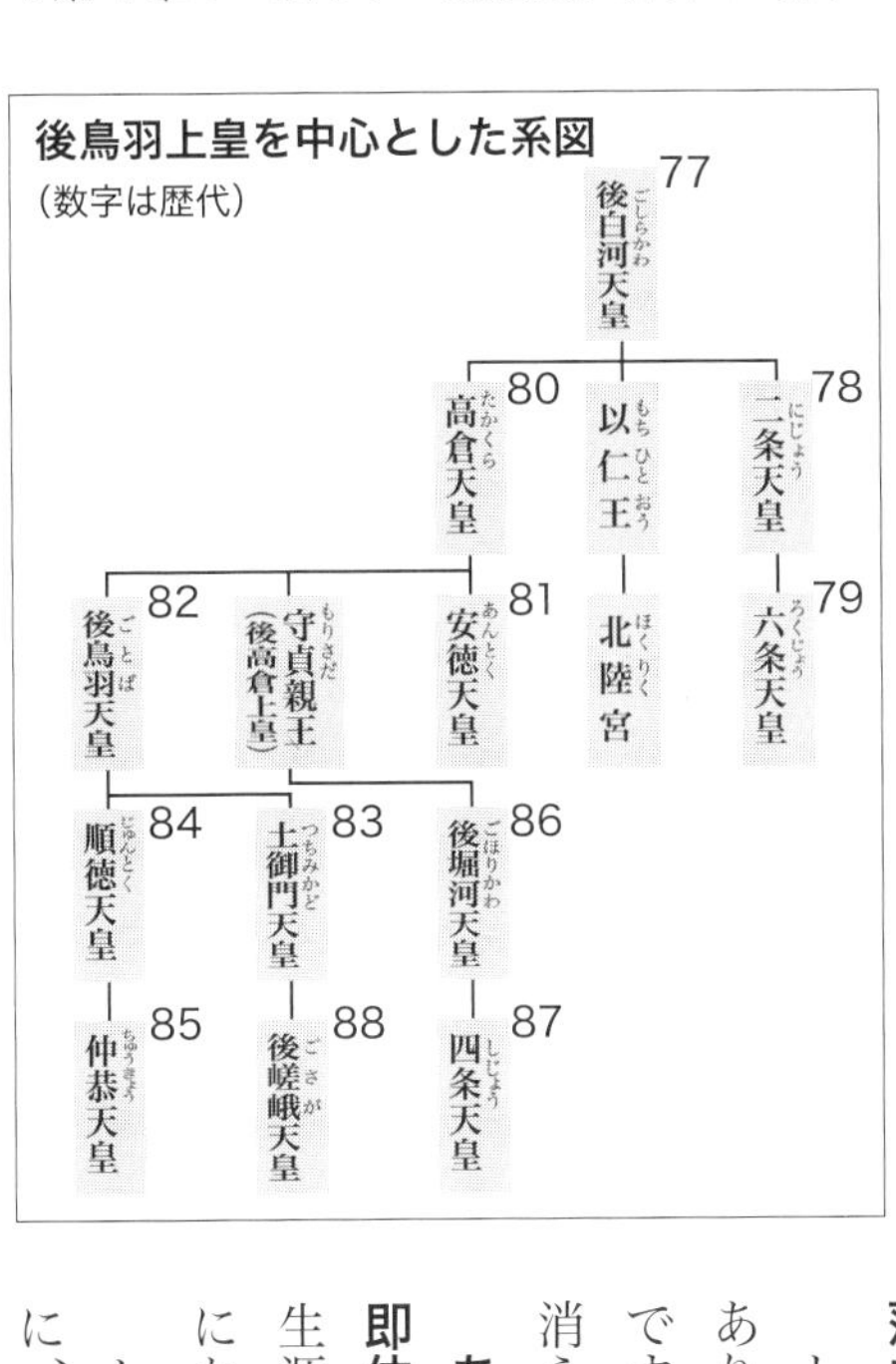

後鳥羽上皇を中心とした系図
（数字は歴代）

しかし、即位の儀に欠かせない三種の神器はありません。平氏が都から持ち出していたからです。さらに壇ノ浦の戦いで、草薙の剣が海に消えました（→71ページ）。

あるべき三種の神器が〝欠落〟した、異例の即位だったのです。このことが、後鳥羽天皇の生涯に影を落としました。強いコンプレックスになったのです。

しかし、後鳥羽天皇はそれをバネにするように、帝王学を施されながら、さまざまな学芸・

武芸も身につけていきました。

1198年、土御門天皇に譲位すると、**後鳥羽上皇**となって院政をスタートさせました。それまで権謀をめぐらしてきた源通親（↓103ページ）も抑え込み、だれからも脅かされることのない、**「治天の君」**として君臨していたのです。

後鳥羽上皇は**類い稀なマルチな才能の持ち主**でもありました。和歌と蹴鞠という当時の教養だけでなく、音曲（笛や琵琶）、笠懸（↓97ページ）、相撲、水練（水泳）、囲碁、将棋……と、文武から遊戯まであらゆる分野に秀でていたのです。

祖父の後白河法皇も好奇心が旺盛で、多趣味でした。ただ、後白河法皇の好奇の眼が(1)今様や俗謡、白拍子（↓77ページ）といった軽めの〝サブカル〟に向かいがちだったのに対し、後鳥羽上皇はそれらを嗜みつつも、好奇の眼を**王道の武芸や学問**にもしっかり向けました。

また、朝廷の(2)**有職故実の復興**にも熱心でした。後鳥羽上皇は伝統的な王朝の復興をめざしていたのです。

◆銘刀に刻んだ「菊の紋章」

後鳥羽上皇は、**鍛刀**にも強い関心を示しました。腕の立つ刀工を離宮に集め、また自らも刀を打ち鍛えました。その技術はきわめて高く、**銘刀「菊御作」**を制作しています。ネガティブなコンプレックスこそが、エネルギーの源泉。これも、草薙の剣の〝欠落〟への反動が生んだ賜物という見方もできるでしょう。

なお、上皇の刀剣が「菊御作」と呼ばれるのは、銘の代わりに上皇自ら**「菊の紋章」（菊花紋章）**を刻んだからです。これが正式な「皇室の紋章」として、今日まで伝えられています。

この後鳥羽上皇に心酔していたのが、3代目「鎌倉殿」実朝でした。実朝の名付け親が後鳥羽上皇だったことも拍車をかけていました。

❷ 実朝、異例のスピード出世！

鎌倉幕府に話を戻しましょう。

前項までのように、北条政子・義時（よしとき）体制は盤石になりつつありました。父の時政（ときまさ）を追放し、最大のライバル和田義盛（よしもり）を倒し、鎌倉に北条姉弟の敵はいなくなりました。都で和田一族の残党が蜂起する動きもありましたが、それも鎮圧しました。

鎌倉では、御家人の不穏な動きも影を潜めました。政子・義時は御家人に向けて、「大罪を犯さない限り、所領を奪わない」という本領安堵（ほんりょうあんど）をしっかり約束していたからです。

しかし、これで北条姉弟政権の到来となったわけではありません。鎌倉幕府のトップは、あくまで**征夷大将軍・源実朝**でした。

実朝は3代目「鎌倉殿」として、神社仏事復興、街道整備、御家人統

---

(1) **今様**
当時の今風の歌謡。七五調四句を基調とする。下層の民によって歌われていたが、院政期、貴族・公家にも広まった。**後白河法皇**はとくに夢中になり、注釈をほどこした今様集『**梁塵秘抄**（りょうじんひしょう）』を編纂（へんさん）している。

(2) **有職故実**
儀式・位階・典礼など、**朝廷の伝統的な決まりごと**。または、その研究。平安中期までのしきたりや規範がベースになっている。

制など、さまざまな政策を実行し一定の成果を挙げていました。決してひ弱な〝文学青年〟ではなかったのです。

朝廷との関係も良好でした。

和田合戦による鎌倉の混乱を耳にしたとき、後鳥羽上皇は、実朝の為政者としての力量に不安を抱いたかもしれません。しかし、その後の幕政が安定したことで、和歌や蹴鞠などの趣味で結びついたふたりの絆(きずな)はより強くなりました。

後鳥羽上皇は実朝に朝廷の官位をあたえ、毎年のように昇進させたのです。実朝も、それを喜々として受け入れました。

〈どうも上皇は叙位任官をエサに実朝様を籠絡(ろうらく)しようとしている〉

そう勘ぐった**大江広元(ひろもと)が、実朝を諌(いさ)めた**ほどです。

しかし実朝は〝入れ食い状態〟でした。1218年には、権大納言(ごんだいなごん)（正三位相当）から内大臣、さらには右大臣（正・従二位相当）へと、異例のスピードで出世の階段をのぼっていったのです。

官打(かんうち)の匂いプンプンです。

官打とは呪詛(じゅそ)の一種で、身の丈(たけ)に合わない高い官位をあたえ、その身を滅ぼさせることをいいます。やはり後鳥羽上皇の策略だったのでしょうか？

源実朝坐像

（甲斐善光寺蔵）

これには次のような見方もあります。

〈実朝は官位に眼がくらんだのではなく、「鎌倉殿」の権威をより高めることが目的だった〉

〈上皇も、東国の安定のために、実朝に相応の地位をあたえる必要があった〉

実朝は病弱で武芸も不得手なことから、将軍としての評価は従来あまり高くありませんでした。しかし近年、それを覆(くつがえ)す説が多く出ています。

さて、実朝が出世階段をのぼった１２１８年、北条政子は京にいました。頼朝と上洛して以来、四半世紀振りの都でした。

政子は実朝の世継ぎが生まれないため、**次期「鎌倉殿」を朝廷から迎えよう**と考えていたのです。実朝自身も、自分には子ができないと思っていたようです。

交渉の窓口は、**卿二位(きょうにい)こと藤原兼子(けんし)**。後鳥羽上皇

◆宋渡航の夢の果て

実朝は宋に渡航しようとした？　はい、事実です。１２１６年、陳和卿(ちんなけい)の提案を受け、実朝は巨大船の建造を命じました。当然、義時や大江ら幕府幹部は大反対しました。

陳和卿は重源(ちょうげん)の招きで宋から来た仏師です。**東大寺再建**（→99ページ）に貢献(こうけん)しましたが、その後朝廷とぎくしゃくし、鎌倉に下って来ていました。陳は実朝に会ったとき、「貴方は宋の医王山の長老の生まれ変わり。なんと貴いことよ！」と涙ぐんだのでした。かつて実朝は、夢で同じお告げを聞いたことがあり、すっかり陳の話を信じ込んだのです。もう、宋に行くしかありません。

しかし、渡航は夢と消えました。幕府幹部が阻止したから？　では、ありません。船がデカすぎて、海まで運べなかったのでした。

の乳母（めのと）で、政子と同世代でした。後鳥羽上皇からの信頼は厚く、朝廷政治に隠然たる影響力をもっていました。

還暦をすぎた者同士、「尼二位」政子と「卿二位」兼子の話は穏やかにスムーズにすすんだようです。意気投合し、候補者のリストアップ作成にまで至ったのでした。有力候補は、冷泉宮**頼仁（よりひと）親王**と六条宮**雅成（まさなり）親王**。ふたりとも後鳥羽上皇の皇子でした。

ところが、そのリストアップが反故（ほご）になりそうなできごとが起こります。

❸ 実朝暗殺の謎!?

1219年1月、大雪の夜でした。

3代目「鎌倉殿」実朝は、右大臣就任をご先祖さまに報告するため、鶴岡八幡宮（つるがおかはちまん）に参詣しました。参拝を終え、外に出た実朝を刺客が襲ったのです。

実朝の首をはねたのは、頼家の子・公暁（くぎょう）でした。

公暁は政治の表舞台に出ないまま、祖母・政子のすすめで出家し、鶴岡八幡宮のトップ（別当（べっとう））になっていたのでした。このとき、公暁が「親の敵（かたき）を討ったぞ!」と大声で叫んだという話と、まわりに気づかれることなく、すぐ逃走したというふたつの話が残されています。

公暁にとって実朝は叔父です。それどころか、公暁は実朝の猶子（ゆうし）（親子関係に等しい養子）になっていました。なぜ、そんな近い身内に手をかけたのでしょうか？

実は**公暁の乳母夫（めのとぶ）は三浦義村（よしむら）**でした。野心家の公暁は犯行直後に三浦邸を訪れ、〈将軍はいなくなった。おれが「鎌倉殿」にふさわしい〉と語ったといわれます。そのため、おのずと次のような声が出てきます。

〈三浦義村が裏で糸を引いていたんじゃないの？　義村は策略家で、裏切りの前科もあるからなぁ〉

事件の現場に、義村はいませんでした。**義村は実朝の殺害を公暁に任せ、自身は北条義時を討つ予定だったのでは、という説**です。

もうひとり、そこにいてしかるべき幕府のキーパーソンもいませんでした。

義村のターゲットだった、かもしれない北条義時です。**義時は参詣の直前に心身の不調を訴え、自館へ帰っていた**の

でした。

義時の代わりに実朝のお供を務めたのは、**源仲章**（→160ページ）でした。実朝が討たれたとき、仲章も巻き込まれて亡くなりました。そのため、仲章は義時と間違えられて殺されたのでは、という説もあります。義時はたまたま命拾いしたというわけです。

そんなあんなで、こんな声も出ています。

〈事件の直前に北条義時が姿を消すのは怪しすぎる。黒幕は義時に違いない！〉

〈いや、公暁は実朝と義時のふたりを討とうとした。やはり三浦義村が黒幕だよ〉

〈義時が実朝を討つ理由なんてあるのかなぁ？　公暁は出家したのに、髪を下ろさず、まわりから奇異な眼で見られていた。ココロを病んでいた公暁の単独犯じゃない⁉〉

まるで米大統領ケネディ暗殺事件のようです。実行犯のオズワルドは、まもなく警官に撃たれ、即死しています。現在までさまざまな陰謀説が語られてきましたが、少なくとも現場に限って言えばオズワルドの単独犯だったことは疑いありません。

同じく、**3代目「鎌倉殿」暗殺事件も、公暁が実行犯であり、現場においては単独犯**でした。さらにオズワルドと同じく、公暁は（義村が送った？）追っ手に討たれ、即死しています。享年は、ケネディ46歳、オズワルド24歳。比して、実朝28歳、公暁20歳でした。

❹ 源氏将軍断絶を受けて

実朝の死によって、源氏将軍は断絶しました。

幕府にとっては緊急事態です。早く将軍の空席を埋めなければなりません。

すぐに動いたのは、北条政子でした。

翌日、政子は後鳥羽上皇のもとに(1)**二階堂行光**(ゆきみつ)を派遣しました。次期将軍候補の親王をすぐ鎌倉に下向（都から地方に行くこと）させるよう訴願(そがん)するためです。**政子が「尼御台所(あまみだいどころ)」から「尼将軍」になった瞬間**かもしれません。幕政をどう動かしていくか、政子がリーダーシップを発揮したのです。

朝廷も実朝横死の知らせを聞くと、騒然となりました。

後鳥羽上皇にとって実朝は、和歌・蹴鞠の愛弟子であり、手なずけやすいお坊ちゃまでした。後鳥羽上皇は、**実朝が「鎌倉殿」でいる限り、幕府を朝廷の完全なコントロール下に置ける**と考えていました。

それだけに、上皇にとっても実朝暗殺は衝撃であり、大きな痛手だっ

---

(1) **二階堂行光**
「13人」メンバー二階**堂行政(ゆきまさ)の子**。1164～1219年。幕府の政所別当となり、行政(ぎょうせい)や法令の奉行に才能を発揮した。とりわけ政子からの信頼が厚く、兄の行村(ゆきむら)とともに幕政に深くかかわった。

たのです。

〈実朝の代わりをすぐ立てなければならない〉

幕府と朝廷の思いは一致しているはずでした。政子の命を受けた二階堂行光も、上皇が快諾することを確信していました。

ところが、**後鳥羽上皇は態度を一変させた**のです。

〈手はず通り、ふたりの親王のどちらかを下向させる。しかし、いまではない〉

頼家に続いて実朝も暗殺された、そんな危険な鎌倉に大事な皇子を送るわけにはいかない。親としては、当然の判断かもしれません。かといって、幕府との全面衝突は避けたい。

結局、妥協策として、**九条兼実のひ孫・三寅（のちの頼経）が新たな将軍として鎌倉に送られること**に決まりました。

といっても、三寅はまだ二歳なので、政子が代わり

◆カタブツ義時の誓い虚しく

北条義時から浮いた話はあまり聞こえてきません。女性で痛い目にあった頼朝や父・時政を身近で見てきたから？

それでも、夢中になった美貌の女性がいました。比企朝宗の娘・**姫の前**です。朝宗は能員とともに、頼朝を支えた比企一族の御家人です。義時は姫の前にせっせと恋文を送りますが、返信ゼロ。見かねた**源頼朝**が、義時に「**絶対に離婚しないこと**」を条件に、仲を取りもちました。内心「どの口で言うとんねん！」と思ったかもしれませんが、1192年、義時は約束を誓って結婚。その後も、忠実に守ったのです。

しかし、〝仁義なき戦い・鎌倉死闘編〟は非情でした。**比企能員の乱**が起こると、夫婦関係はあっさり解消されたのです。

に理非を判断することになりました。そして実際の政務を執り行っていたのは、執権の北条義時でした。こうして事実上、**政子・義時姉弟が４代目「鎌倉殿」になった**といってもよいでしょう。

そんななか、今度は朝廷を騒然とさせるできごとが起こりました。幕府の有力御家人のひとり**源頼茂が反乱を起こした**のです。

頼茂は都で大内守護（大内裏の警備）の任にありました。政所別当を務めたこともあり、実朝とも懇意の仲でした。

乱を起こした真意は不明ですが、〈みずからが将軍になるための決起なり！〉〈幕府打倒をくわだてようとした院への反抗だ！〉〈幕府に対する上皇の挑発かも？〉など、これまた諸説紛々としています。

頼茂はすぐ討たれましたが、反乱は大内裏で起こったため、上皇の殿舎や多くの宝物が焼失しました。強靱な精神力をもつ後鳥羽上皇も、さすがに大ショックでした。その後、ひと月余りも寝込んだままだったといいます。

1215	北条時政が亡くなる
1216	源実朝が昇進を重ねる
	（大江広元が諫める）
	実朝が宋渡航を計画する
1218	政子が兼子と会談する
	実朝が右大臣に昇進する
1219	実朝が公暁に暗殺される
	源頼茂の乱が起こる

4 承久の乱と尼将軍

❶ 譲れない！　鎌倉幕府の権利

幕府と朝廷の関係は悪化の一途をたどっていきました。このあと、中世史のターニングポイント**「承久の乱」**へと突き進んでいきます。

源頼茂（よりしげ）の乱の前、親王下向をめぐる後鳥羽上皇と幕府の交渉過程で、またひと悶着（もんちゃく）がありました。女性が絡む問題で、これが承久の乱の着火点になったともいわれます。

後鳥羽上皇が幕府に、地頭の罷免（ひめん）を要求したのです。問題になったのは、摂津国（せっつのくに）（大阪府）のふたつの荘園の地

北条義時
（『承久記絵巻』巻２より、龍光院蔵）

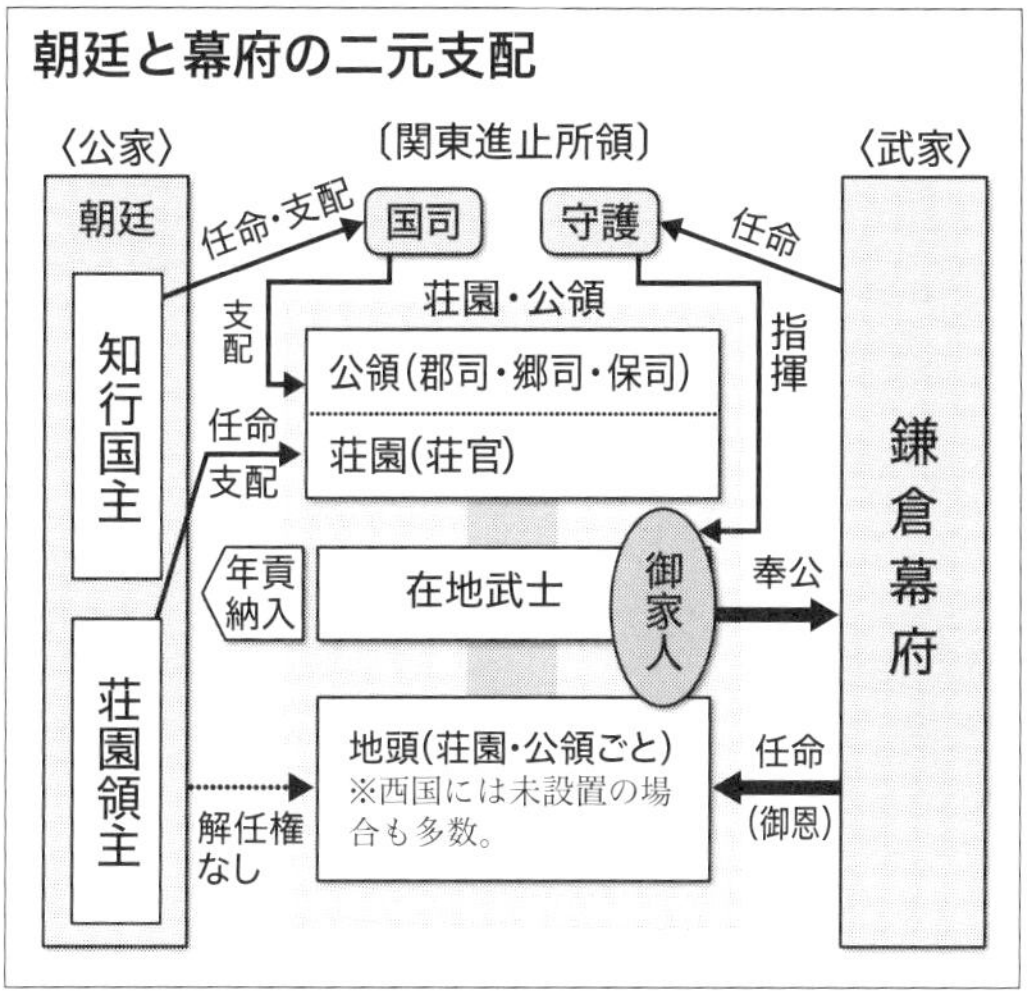

頭でした。どちらも、**後鳥羽上皇が愛妾の亀菊にあたえていた荘園**で、上皇は意のままにならぬハエのような地頭を追い払おうとしたのです。

これに幕府はどう対応したのでしょうか？

朝廷と幕府の二元支配

〈公家〉
朝廷
知行国主
荘園領主
〔関東進止所領〕
国司
守護
任命・支配
任命
支配
指揮
荘園・公領
公領（郡司・郷司・保司）
荘園（荘官）
任命
支配
年貢納入
在地武士
御家人
奉公
地頭（荘園・公領ごと）
※西国には未設置の場合も多数。
解任権なし
任命（御恩）
〈武家〉
鎌倉幕府

『図説　日本史通覧』（帝国書院）

東国は支配下に入れているものの、西国での幕府の影響力は微々たるものでした。たかが都に近い摂津国の地頭の、いち任免問題にすぎません。

〈この程度のことで、朝廷と衝突するのは愚かしい。ここはひとつ、後鳥羽上皇に恩義を売っておこう！〉

……などとは、北条義時も政子も大江広元も、幕府のだれも考えませんでした。

地頭の任免権は、鎌倉幕府にとって絶対に譲ることのできない権利です。

鎌倉幕府を朝廷から独立した東国の政権（**東国国家論**）とみるか、朝廷を中心とする国家統治の枠組みの一部門（**権門体制論**）とみるか、当時の公・武政権の捉え方は大きくふたつに分けられます。

ただ、どちらの見方も、将軍と御家人の揺るぎない関係を否定することはありません。

鎌倉幕府はこれまで繰り返してきたように、「御恩と奉公の主従関係」で成り立っています。**御家人は御恩として所領をいただける、すなわち地頭職につけるからこそ、将軍「鎌倉殿」のために命を賭(と)して戦い、奉公する**のです。これが鎌倉幕府の存在意義(レゾンデートル)なのです。

当然、後鳥羽上皇の要求に対する幕府の答えは「ノー」でした。

❷ 後鳥羽上皇のしたたかな軍拡政策

後鳥羽上皇にとって、「ゼロ回答」は予想外でした。

焼けた大内裏の再建が思うように進まず、上皇はイライラが募っていました。そもそも大内裏を焼失させた源頼茂は、鎌倉幕府の御家人です。

〈あらゆる元凶は鎌倉幕府であり、そのトップにいる北条義時に他ならぬ。公武融和の道は捨てる。義時を討つ！〉

上皇の意思は固まりました。ただし、突発的な行動に出たわけではありません。後鳥羽上皇は幕府軍との戦いに備え、着々と軍備拡張政策をすすめたのです。前述したように、院の警護を強化するため、北面の武士に加えて、新たに**西面の武士**[1]を新設していました。自衛部隊の増強です。

また、有能な軍人の〝徴兵〟にも乗り出していました。

眼を付けたのが、平賀朝雅(ともまさ)の兄・**大内（平賀）惟義(これよし)**です。

平賀朝雅は、北条時政(ときまさ)と牧(まき)の方(かた)が次期将軍に立てようとしたものの、義時・政子にはばまれ、誅殺(ちゅうさつ)された元京都守護です（↓１５８ページ）。その兄を〝徴兵〟し、直属の部下に引き込んだのです。

大内は頼朝から信頼できる家人として重んじられていましたが、一連の〝仁義なき戦い・鎌倉死闘編〟の過程で、反北条へ転じていたのでした。息子の惟信(これのぶ)も朝廷の主力軍に加わります。

また、もとより上皇から気に入られていた**藤原秀康(ひでやす)**も正式に〝徴兵〟されました。秀康は藤原秀郷(ひでさと)（↓１０６ページ）の子孫で、朝廷とつながりの深い西国の武士でした。この他、有力な幕府の御家人である佐々木広綱(ひろつな)とその叔父・佐々木経高(つねたか)も朝廷側につきます。

それだけではありません。鎌倉幕府の重鎮たちの親族もつぎつぎに落とされ、〝徴兵〟されていったのです。

---

(1) **西面の武士**

１２０６年に後鳥羽**上皇が設置した院の防衛機関**。「院の西面」ともいう。平安時代に白河上皇が設置した**「北面の武士」**（↓32ページ）とともに、盗賊の追捕(ついぶ)など、都の治安維持も担った。任命されたのは、西日本の有力武士や在京の御家人たち。承久の乱で上皇軍の主力部隊となったが、乱後に廃止された。

169ページで説明した通り、**「在京の御家人は自分の身の置きどころに迷いが生じていた」**状況です。御家人の多くは、おのずと朝廷と接近することにともない、上皇からそこそこの官位をあたえられていました。職も住も、そして忠誠心も、都に搦め捕られていったのです。

その代表が、幕府の重鎮**三浦義村の弟・胤義**です。三浦胤義は、左衛門尉・検非違使（↓68ページ）という高位を授かって上皇に付き従っており、他に選択肢はありませんでした。それどころか、胤義は鎌倉の兄・義村に向けて、〈幕府を捨てて朝廷に従おう。上皇からの恩賞も確実だぜ！〉という手紙まで送ったのでした。

武士だけではありません。北条義時・政子に次ぐ、幕府ナンバー3の官人**大江広元の子・大江親広も朝廷側についた**のです。親広は義時の娘を妻に娶っている、にもかかわらずです。

上皇の〝徴兵〟に応じなかった御家人は、どうなったのでしょうか？　つぎつぎと粛清・処分されていきました。公卿でも、親幕派と見なされた**西園寺公経**が捕縛・監禁されました。

❸ 北条政子の「活」！

1221年5月15日、後鳥羽上皇が全国の武士に向けて**「義時追討の院宣」**を出しました。

承久の乱のはじまりです。院宣の内容は〈上皇側に付いて義時を討てば、恩賞をあたえる〉というものでした。

そのため近年、上皇は鎌倉幕府を倒そうとしたのでなく、**ただ義時を討つことが目的だった**という説も強くなっています。一方、このとき「義時イコール幕府」だったことは疑いなく、上皇は**やはり東国政権を潰**（つぶ）**しにかかったのだ**という説も根強くあります。

どちらであるにせよ、在京の御家人にとっては、討伐の相手が「鎌倉殿」ではなく、また恩賞ももらえるので、比較的受け容れやすい命令でした。

さて、弟からリクルートされた**三浦義村**は、どう対応したのでしょうか？

和田合戦では、直前に同族の和田義盛（よしもり）を裏切り、「三浦の犬は友を食らう」と蔑（さげす）まれた過去がある義村です。

しかし、義村は弟からの手紙を持って、すぐ北条義時のもとに向かいました。そして、**義時への忠誠を誓った**のでした。

その後も義村は、北条氏に従うという点においては、一貫し

義村の密告

（『承久記絵巻』巻２より、龍光院蔵）

ています。

追討を名指しされた義時を中心とする幕府は、どう対抗することにしたのでしょう。


幕府の要人たちは、上皇軍と戦うことで一致していました。ただ、すべての御家人の意志が固まっていたわけではありませんでした。上皇軍と戦うことは、朝敵（↓82ページ）となることです。**東国の猛者連中でも、さすがに腰が引けたのでした。**


そこに、「活！」を入れたのが、尼将軍でした。

北条政子の歴史的な演説（安達景盛が代弁した説も）で、御家人たちは奮起し、心をひとつにしたのです。

〈みな、心をひとつにして聞きなさい。亡き「鎌倉殿」頼朝の御恩を忘れたのですか。官位といい土地といい、その恩は山より高く、海より深い。名誉を重んじるものは、ただちに逆臣を討ち取りなさい！　三代にわたる鎌倉を守るのです！〉

さすがアネゴ、初代ボスの連れ！　みな奮い立ちながら、初代ボス以前の〝古き悪しき時代〟を思い返しました。

〈自分たちの土地が自由にならなかった。勝手に奪われた。朝廷からは、大番役や何やかやとこき使われた。東国の田舎モンと見下された。あんな時代に戻ってたまるか！〉

❹ 守るか、攻めるか？

上皇軍とどう戦うか？

幕府内では、意見が真っぷたつに分かれました。ひとつは、「天然の要塞（ようさい）」鎌倉でどっしり構え、足柄（あしがら）や箱根（はこね）の関所で上皇軍を迎え撃つという守勢論。もうひとつは、都まで軍勢を進め、一気に倒すという先制攻撃論。

大勢を占めたのは、守勢論でした。ところが、官人の**大江広元**がこう断じたのです。

〈間を空けると、御家人のあいだに迷いが生じる。守勢に立つと、いらぬ動揺が広がる。運は天にまかせればよい。いますぐ進軍すべきである！〉

軍人顔負けの**強硬な主戦論、先制攻撃論**です。

北条政子も、これにうなずきました。

それでも、全員一致とはならず、引退していた重鎮にお伺いを立てることにしました。大江とともに官人として、「鎌倉殿」を支えてきた「13人」のひとり**三善康信（善信）**です。

大江と同じく、宮仕えの経験豊かな三善は、上皇の狙いも出方も、御家人の動揺も、すべてお見通しだったのでしょう。

〈議論するまでもない。何もしないのは怠慢である。大将軍ひとりでも先陣を切れば、みなついて行くであろう〉

大江も三善も、御家人こと東国ボスたちの結束力や忠誠心を信じていたわけではありません。むしろ、過去一連の〝仁義なき戦い・鎌倉死闘編〟を通して、東国ボスの所為・挙動を警戒するようになっていました。だからこそ、〈早く出陣せよ！〉と駆り立てたのです。

だれかが先陣を切れば、恩賞欲しさに負けじとみな出陣する。しかしグズグズしていると、みんなバラバラになるに違いない、と。

これで義時以下、幕府首脳はみな吹っ切れました。

5月22日、義時の命を受けた息子・**北条泰時の先陣**が鎌倉を発ちます。さすがに「大将軍ひとり」ではありませんでしたが、その数わずか18騎での出陣でした。

ところが、それから3日間のうちに、**東国の御家人たちが〈ワシも、オレも、ワレも！〉と、雪崩を打ったように決起した**のです。大江と三善の進言は正鵠を射ていました。間違っていなかったのです。

幕府軍は東海道・東山道・北陸道の3つのルートに分かれ、京に向かいました。『吾妻鏡（あずまかがみ）』によると、その数19万人。さすがにこれは〝主催者発表〟なので、盛りすぎでしょう。

しかし、幕府の動きを探りにきた朝廷の使いの目には大軍勢が映ったことは間違いありません。

❺ 後鳥羽上皇の全面降伏

幕府軍の大軍勢が京に向かっている。

知らせを聞いた後鳥羽上皇は絶句しました。

〈三浦胤義の手紙で義村は寝返る。御家人は恩賞欲しさに、みな上皇軍につくはずだ〉

そんなシナリオがもろくも崩れ去ったのです。

迎え撃つ上皇軍の軍勢は2万足らず、（『吾妻鏡』ど

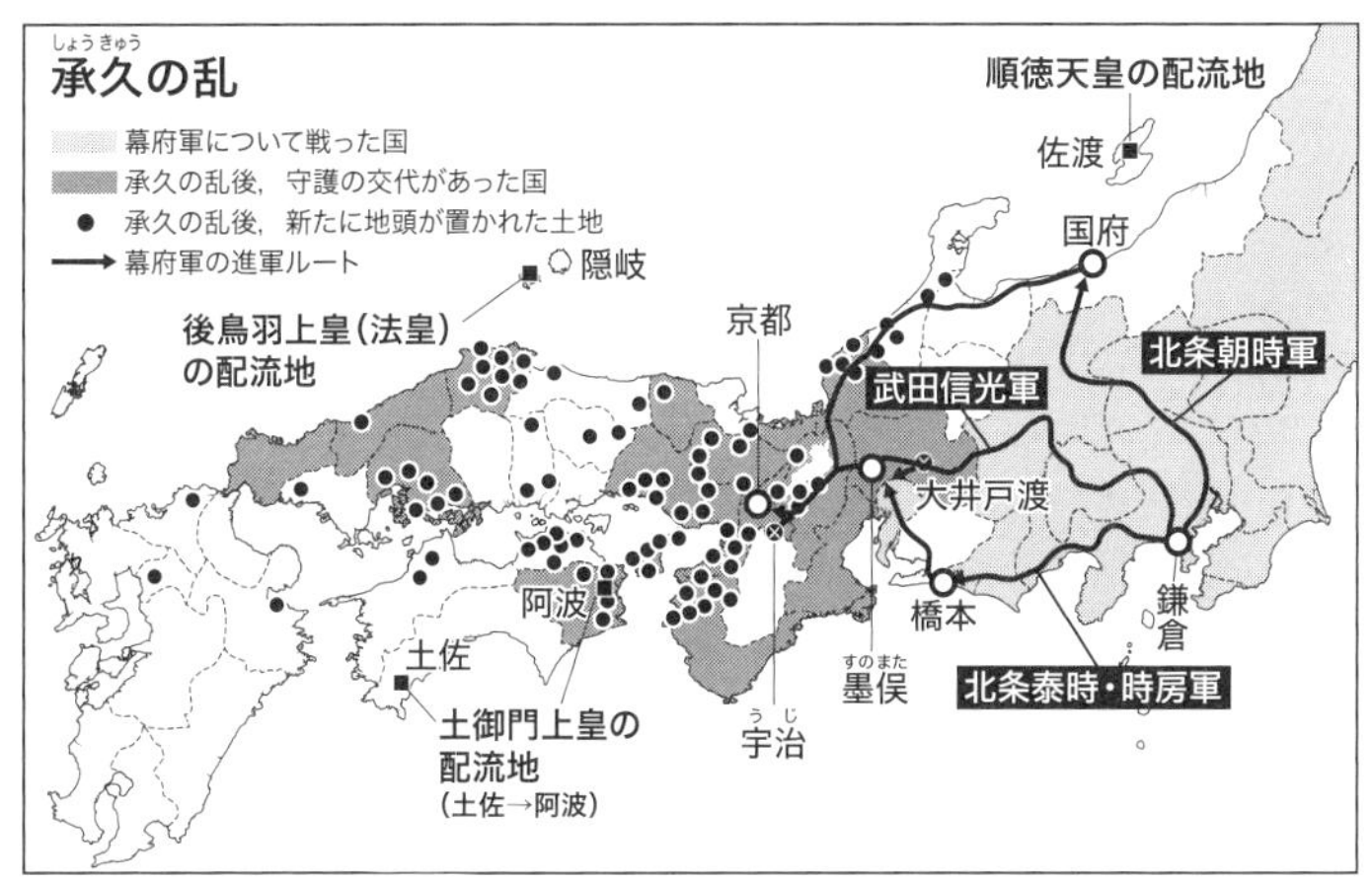

『図説　日本史通覧』（帝国書院）より一部改変

おりとすれば）幕府軍の10分の1ほどでした。

あわてて、木曽川に防衛ラインを敷きますが、難なく突破されます。そして戦意を喪失した上皇軍から、つぎつぎに離脱者が出ました。

6月8日、比叡山の麓に退避した**後鳥羽上皇は延暦寺に、衆徒こと山法師（僧兵）の動員を求めます**。しかし、延暦寺の回答はつれないものでした。

〈衆徒の力は微力なり。東国武士の強威を防ぐことはできない〉

集まったのは、戦闘好きな荒法師だけでした。幕府第一陣の泰時軍が出発してから、たった2週間余りで大勢は決したのです。それでも、京の都だけは死守しなければなりません。

上皇軍は瀬田川と宇治川（瀬田川の下流）に最終防衛ラインを敷きました。各所の陣営のなかには、大江親広・藤原秀康・三浦胤義・佐々木広綱らの姿がありました。

結果、そこそこ応戦しましたが、〈官軍の将として、討ち死にしてでも最期を飾る〉というほどの覚悟はなかったようで、最後はみな敗走したのでした。

6月15日、北条泰時と時房が入京。**承久の乱は、幕府軍の圧勝に終わりました**。

後鳥羽上皇は新たな「院宣」を出しました。

〈この乱はわたしの意志ではない。謀反をくわだてた「逆臣」が起こしたものである〉

頼朝が「大天狗」と呆れた後白河上皇の言い訳を彷彿とさせます（→78ページ）。孫の後鳥羽上皇

《1221 年　承久の乱》

5.22　北条泰時が出陣する
29　上皇が幕府軍の進撃を知る
6.6　幕府軍が木曽川をわたる
8　上皇が比叡山に退避する
14　幕府軍が宇治川の戦いを制す
15　泰時・時房が入京する

も、やはりその血を受け継いでいたのでしょうか。

言い訳虚しく、後鳥羽上皇は隠岐に流されました。

順徳天皇は廃位されて上皇として佐渡へ流され、先代の土御門上皇はみずからの意思で土佐に下りました。上皇方についた御家人や貴族の大多数が死罪や流罪を言い渡されました。

次期天皇には、北条義時の事実上の指令によって、後鳥羽上皇の直系ではない、２歳の後堀河天皇が即位しました。

「治天の君」が配流されるのは前代未聞のこと。それに加えて、**４代目「鎌倉殿」政子・義時姉弟は、天皇の任命権まで握った**のです。

世の中は大きく変わりました。

もちろん、４代目「鎌倉殿」姉弟は**御家人への恩賞**も忘れません。後鳥羽上皇が所有していた皇室領荘園や京貴族の荘園３千余りを没収し、御家人たちに分けあたえたのです。西国の地頭職を得た東国ボスの子孫たちは、大手を振って新しい人生を歩み始めました。

エピローグ　「法の下」の武家政権

承久の乱から3年後の1224年、北条義時が没しました。享年62歳。脚気に急性腸炎が重なっての病死でしたが、伏して間もない死だったので、やはりさまざまな憶測を呼びました。

弟の北条時房、子の泰時は、京の六波羅の館で訃報を受け取りました。ふたりは乱の戦後処理にあたりながら、朝廷に不穏な動きがないか、眼を光らせていたのです。

ふたりとも、すぐ鎌倉に向かいました。義時の葬儀に参列するためだけではなく、鎌倉で義時の後継をめぐり、不穏な動きがあったからです。

なお、六波羅での職務はその後、整備・拡張され、西国の御家人の監視や京の治安維持の任も兼ねた幕府の正式な出先機関になりました。のちに**六波羅探題**と呼ばれます。六波羅は五条大橋の東一帯の地名で、かつて平氏一族の館が集まっていました。そのため、平氏政権は「六波羅政権」

とも呼ばれていました。何かと因縁のある地なのです。

さて、鎌倉で不穏な動きを起こしていたのは、義時の後妻・**伊賀の方**でした。「尼将軍」政子に不満を抱いていた伊賀の方は、一族で幕府を支配しようと画策していたのです。その相談相手になっていたのは、この手の陰謀説では〝常連〟の**三浦義村**でした。

政子の行動はいつも素早く、迷いがありません。義村を問い詰め、伊賀一族を流罪にしました。そして、**大江広元ら宿老の承認も得て、北条泰時を3代執権に任命した**のです。このとき、泰時は43歳でした。

慈円の『愚管抄』のなかに**「女人入眼の日本国」**というくだりがあります。慈円は北条政子と藤原兼子（→１７３ページ）を念頭に、〈日本の国の仕上げはいつも女性が行う〉という意味で、この一節を記したのでした。仏像も眼を入れなければ、魂は宿らないということです。

翌１２２５年7月、日本国に眼を入れたことを確信したのか、北条政子が天寿を全うしました。そのひと月前、大江広元も他界しています。ちなみに、慈円もこの年に往生しています。ひとつの時代が終わったのです。

第3代執権の北条泰時は、5代目「鎌倉殿」になったのでしょうか？

泰時は新しい時代を迎えるべく、頼朝以来の大倉御所を移転し、人心の一新もはかりました。新

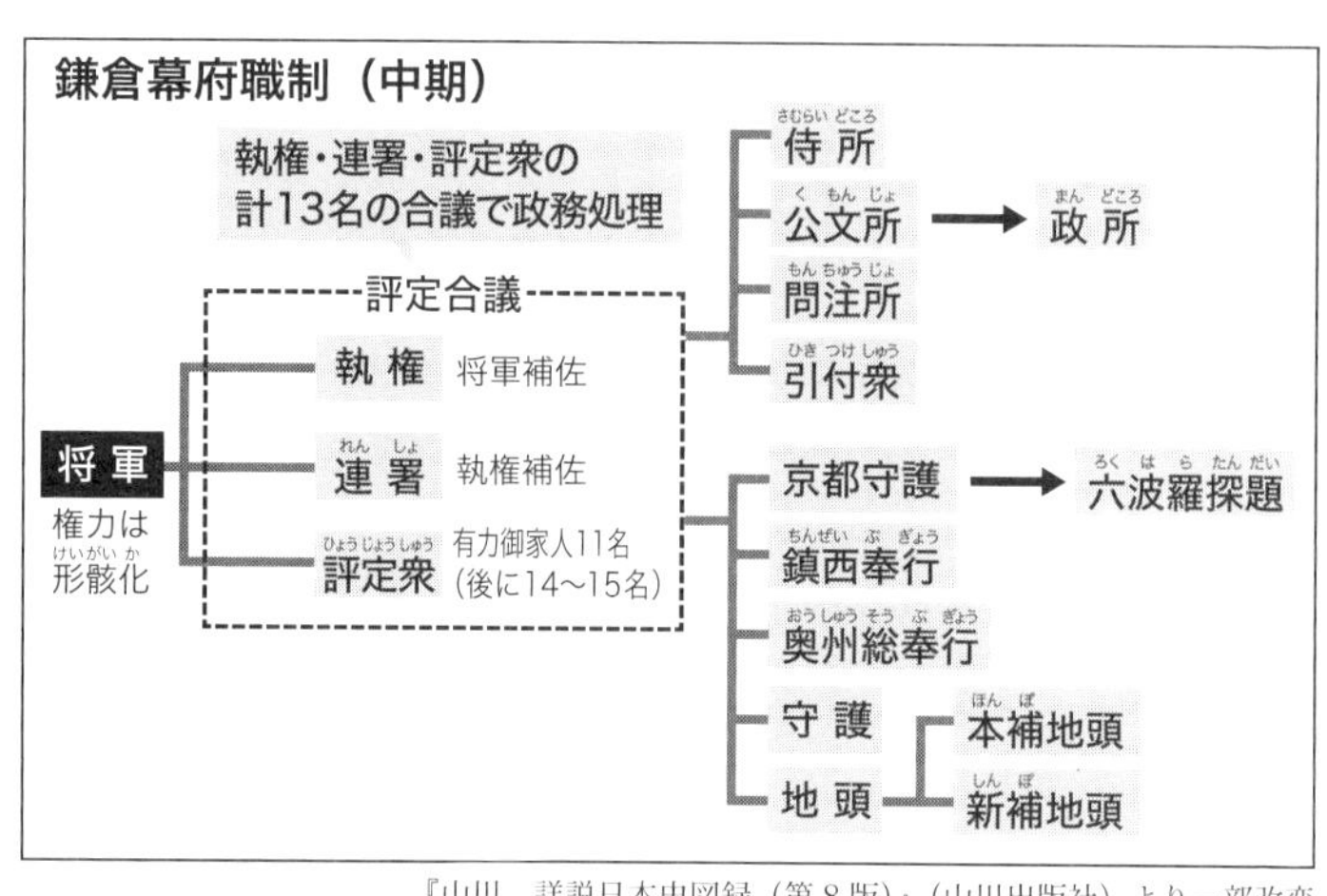

『山川　詳説日本史図録（第８版）』（山川出版社）より一部改変

たに**連署**という職を設けたのです。連署は執権の補佐役、すなわち幕府の公式文書に「執権と連名で署名する役」を担っていました。

初代の連署には、頼れる叔父・**北条時房**が就任しました。六波羅でともに朝廷と交渉にあたり、その能力も気心も知れています。

さらに泰時は、13人合議制のリニューアル版を設置しました。政務能力のある11人の御家人を**評定衆**として選び、合議によって幕政を運営することにしたのです。

将軍が表に出ることはありません。**執権・連署・評定衆という合議体制が新時代の「鎌倉殿」になった**といってもよいでしょう。もちろん、だれも「鎌倉殿」とは呼んでいませんでした。そもそも、初代頼朝のようなボス「鎌倉殿」は必要なくなっていたのかもしれません。

評定衆には当初、三浦義村や大江・中原・三善・二階堂の子息らが名を連ねていましたが、やがて北条一族が占めるようになりました。

鎌倉幕府はこうして、「鎌倉殿」の独裁体制から、宿老による13人合議制という短命の行政組織を経て、さらに〝仁義なき戦い・鎌倉死闘編〟、承久の乱を乗り越えて、「新生合議制」による執権政治へと成熟していったのです。

1232年、北条泰時は**「御成敗式目（ごせいばいしきもく）」（貞永（じょうえい）式目）**を制定しました。それまでの武士の慣習・道徳にのっとった、**武士による初めての成文法**でした。朝廷の律令とは別に、御家人（守護・地頭）の任務・権限、罪を犯した者の刑罰、裁判の手続きなどの基準を定めたのです。泰時は六波羅で朝廷の役人たちと接するなか、時房とともに法理の大切さを学んだのでしょう。

当初、御成敗式目の効力は鎌倉と東国に限られていましたが、しだいに範囲を拡大させていきました。やがて律令や公家法が及んでいた社会にも影響を及ぼすようになります。

源頼朝が平氏打倒の狼煙（のろし）を上げてから約半世紀、**「鎌倉殿」の支配の仕組みは、「法」の支配へと進化を遂げた**のでした。

人名索引

※ページは各節の初出

《参考図書・文献》

『源頼朝と鎌倉』坂井孝一、『承久の乱』坂井孝一、『源氏将軍断絶』坂井孝一、『鎌倉殿と執権北条氏』坂井孝一、『源実朝―「東国の王権」を夢見た将軍』坂井孝一、『源頼朝』元木泰推、『北条義時』岡田清一、『執権』細川重男、『承久の乱』本郷和人、『歴史のIF』本郷和人、『京・鎌倉ふたつの王権』本郷恵子、『承久の乱と後鳥羽院』関幸彦、『北条時政と北条政子』関幸彦、『鎌倉幕府の転換点』永井晋、『鎌倉源氏三代記』永井晋、『源実朝』五味文彦、『鎌倉将軍・執権・連署列伝』日本史史料研究会、『陰謀の日本中世史』呉座勇一、『日本中世への招待』呉座勇一、『中世の家と性』高橋秀樹、『三浦一族の中世』高橋秀樹、『〈女帝〉の日本史』原武史、『大江広元』上杉和彦、『九条兼実』樋口健太郎、『畠山重忠』貫達人、『坂東武士団と鎌倉』野口実編、『武家の古都「鎌倉」を歩く』日本の歴史と文化を訪ねる会、『中世都市鎌倉を歩く』松尾剛次、『相模のもののふたち』永井路子、『きらめく中世』永井路子、『炎還』永井路子、『図説・鎌倉幕府』田中大喜、『王法と仏法』黒田俊雄、「出家入道と中世社会」平雅行、『吾妻鏡必携』関幸彦・野口実編、ABCアーク『歴史人―2021.07 源頼朝と鎌倉幕府の真実』、宝島社『日本史大図解 承久の乱』、宝島社『鎌倉13人衆の真実』、岩波書店『岩波日本史事典』、新人物往来社『鎌倉・室町人名辞典』、東京書籍『新しい社会歴史』、山川出版社『山川 詳説日本史図録』、帝国書院『図説 日本史通覧』他

【編著者プロフィール】
大迫秀樹（おおさこ・ひでき）
編集・執筆業。「広い視野で、わかりやすく」をモットーに、教養・雑学書の企画から執筆まで幅広く関わる。主なジャンルは、歴史・地理・時事・文章術など。日本史関連の著書に『おさらい３時間　！日本史のイロハ』（明日香出版社）、執筆協力に『１日１ページ、読むだけで身につく日本の教養 365 歴史編』（文響社）ほか多数。

編集協力――――――株式会社エディット／時原芽生
ＤＴＰ――――――株式会社千里
本文デザイン――――Taira Design ／中山平
本文図版・イラスト――Taira Design ／中山平、メイ ボランチ
装丁イラスト――――メイ ボランチ

「鎌倉殿」登場！　源頼朝と北条義時たち13人

2021年12月30日　　初版第１刷発行
2022年３月30日　　第４刷発行

編著者 ―― 大迫 秀樹

発行者 ―― 張 士洛
発行所 ―― 日本能率協会マネジメントセンター
〒103-6009　東京都中央区日本橋２-７-１　東京日本橋タワー
TEL 03 (6362) 4339 (編集)／03 (6362) 4558 (販売)
FAX 03 (3272) 8128 (編集)／03 (3272) 8127 (販売)
https://www.jmam.co.jp/

装丁デザイン――志岐デザイン事務所／古屋真樹
印刷・製本所――三松堂株式会社

ISBN 978-4-8207-2978-5 C0021
落丁・乱丁はおとりかえします。
PRINTED IN JAPAN